Karla Müller-Tupath
Verschollen in Deutschland

Karla Müller-Tupath

Verschollen in Deutschland

Das heimliche Leben des Anton Burger, Lagerkommandant von Theresienstadt

Mit einem Vorwort von
Simon Wiesenthal

KONKRET LITERATUR VERLAG

Umschlaggestaltung: Peter Albers, Hamburg
Umschlagfoto: Anton Burger, Paßbild des Führerscheins, 1953
Satz: KCS GmbH, Buchholz/Hamburg
Druck: Fuldaer Verlagsanstalt, Fulda
ISBN 3-89458-132-8

Für Elazar David Soussan

Inhalt

Vorwort

Wenn die arabischen Zeitungen, die vor etwa drei Jahren über den Tod von Alois Brunner in Damaskus berichtet haben, die Wahrheit schrieben, dann war Anton Burger das letzte Mitglied des Stabes Eichmann, das noch weltweit gesucht wurde.

Zu Beginn des Jahres 1947, als das Dokumentationszentrum in Linz seine Tätigkeit aufgenommen hatte, lag bereits eine Liste mit den Namen der Angehörigen des Stabes Eichmann vor, darunter auch der Anton Burgers. Ein Jahr zuvor hatten meine Mitarbeiter und ich Frau Eichmann in Altaussee gefunden und erfahren, daß Anton Burger 1945 in Altaussee verhaftet und in das Internierungslager für Nazis in Glasenbach bei Salzburg eingeliefert worden war. Mein Freund Meir Ben Chorin vom CIC (Counter Intelligence Corps) in Salzburg wurde vom CIC in Linz ersucht, Burger in Glasenbach einzuvernehmen. Ergebnis dieser Einvernahme war das Geständnis Burgers, in Wien, Prag, Brünn, Theresienstadt, Griechenland und schließlich in Budapest unter Eichmann gearbeitet zu haben.

Es stellte sich die wichtige Frage, ob Burger bereit sein würde, über Eichmann Aussagen zu machen, denn alles, was wir damals über Eichmanns Schicksal nach dem Kriege wußten, war, daß er sich zusammen mit einigen Mitgliedern seines Stabes in Altaussee aufgehalten hatte, bevor er – nach Verabschiedung von seiner Familie – von der Bildfläche verschwunden war.

Bald darauf hörten wir, daß Burger gemeinsam mit anderen Internierten am 19. Juni 1947 aus dem Lager Glasenbach geflohen war, nachdem er erfahren hatte, daß die Tschechoslowakei von den den Amerikanern seine Auslieferung verlangt hatte.

Ich fand heraus, daß die Familie Burger in Neunkirchen bei Wiener Neustadt in Niederösterreich lebte. Burger war kurze Zeit bei seiner Familie gewesen, dabei war es aber zu privaten Differenzen mit seiner Frau gekommen, die in Tätlichkeiten ausarteten. Er wurde daraufhin verhaftet und für kurze Zeit in eine Psychiatrische Klinik überstellt. Danach kam er wieder in Gefängnis, von wo ihm abermals die Flucht gelang.

1952 begannen wir erneut mit der Suche nach Anton Burger und brachten in Erfahrung, daß er mit einer Frau namens Rosa Bauer – als deren Mann er sich ausgab – zusammenlebte.

Der Kalte Krieg hatte in diesem Jahr eine besondere Intensität erreicht, so daß unsere Arbeit nicht viel Unterstützung fand. Eine Reihe meiner Mitarbeiter wanderte nach Israel, den USA usw. aus. Dieser Umstand und die fehlenden Geldmittel beeinträchtigten unsere Möglichkeiten, weitere Recherchen anzustellen. 1954 wurde das Dokumentationszentrum geschlossen, und alle Dokumente wurden nach Israel geschickt.

Nach dem Eichmann-Prozeß 1961 haben wir auf Grund der geänderten Situation und des neu erwachten Interesses an der Verfolgung von Naziverbrechen unser Büro wieder eröffnet – damals in Wien – und die Suche nach den Mitgliedern des Stabes Eichmann fortgesetzt.

1962 konnten wir den österreichischen Justizbehörden und dem Innenministerium mitteilen, daß Anton Burger, der ja mit Haftbefehl gesucht wurde, in Österreich unter dem Namen Bauer leben sollte. Da uns keine weiteren Einzelheiten bekannt waren und der Name Bauer sehr häufig vorkommt, gestaltete sich die Suche nach Burger schwierig und wenig erfolgreich. Als ein anderes Mitglied des Stabes Eichmann, nämlich Franz Novak, verhaftet wurde, haben wir bei der Staatsanwaltschaft angeregt, Novak auch zur Person Anton Burgers zu vernehmen – ohne greifbares Resultat.

Immer wieder haben wir im Laufe der Jahre Kontakte

mit Burgers Familie hergestellt, um möglichweise über sie eine Spur von dem Gesuchten aufnehmen zu können. Aber Frau Burger hatte sich längst von Anton Burger scheiden lassen, da er sie – laut Scheidungsurteil – »verlassen« hatte.

Anfang 1991 wurde uns anonym ein Bündel mit Dokumenten übermittelt. Nach den Informationen dieses Dossiers sollte sich Burger in Bayern aufhalten. Diese Informationen gaben wir sofort an das Bayerische Landeskriminalamt, das sich im Auftrag der Bremer Staatsanwaltschaft umgehend in die Suche einschaltete. Die Ermittlungen nahmen aber doch einige Zeit in Anspruch, und so ergab sich letzlich als Resultat aller Anstrengungen die Tatsache, daß Anton Burger unter dem Namen Wilhelm Bauer am 25. Dezember 1991 verstorben war. Die Indentität konnte zweifelsfrei geklärt werden – Wilhelm Bauer war Anton Burger. So endete die Suche nach dem letzten Mitgleid des Stabes Eichmann.

Es ist wichtig, daß nun ein Buch über diesen Anton Burger geschrieben wurde, einen Mann, dessen Leben ganz gewöhnlich und unauffällig begonnen hatte. Er war ein völlig unbedeutender Mensch ohne besondere Ausbildung und wurde zum Mitarbeiter eines Mannes, dessen Aufgabe es war, Juden zuerst auszurauben, dann zu vertreiben und am Ende unbarmherzig zu vernichten. Solange Hitler und der Nationalsozialismus sich nur Österreichs und Teile der Tschechoslowakei bemächtigt hatten, ging es vor allem um die Verteibung der Juden – einzelne Morde sollten die Beraubung und Austreibung nur unterstützen und fördern. Bald aber war die Vernichtung der Juden – nachdem der größte Teil Europas von den Nazis besetzt worden war – zur wichtigsten Aufgabe des Nationalsozialismus geworden. So kam es zur Wannsee-Konferenz, bei der man die Verteter der deutschen Behörden, die man zur Unterstützung dieses Vorhabens heranziehen wollte, um Hilfe ersucht hat. Heyderich, der Chef des Reichsicherheitsamtes, und Eichmann, der Vertreter der Abteilung IV b, sollten diese Aufgabe übernehmen. Anton Burger gehörte zu den eifrigsten Mitarbeitern Eichmanns, auf den Eichmann sich in jeder Beziehung verlassen konnte.

Burger diente dem Nationalsozialismus 13 Jahre lang, 46 Jahre war er unter falschem Namen auf der Flucht und mußte jeden Tag damit rechnen, entdeckt zu werden. Diese 46 Jahre Angst waren ein Teil der Strafe, die er für seine Verbrechen verdient gehabt hätte.

Wien, im Mai 1994 Simon Wiesenthal

Der Haftbefehl gegen Anton Burger

Am 25. Dezember 1991 um 23.45 Uhr stirbt in einem Essener Krankenhaus ein alter Mann. Er ist 80 Jahre alt geworden. Der Name auf der Sterbeurkunde mit der Registriernummer 91/1992 lautet: Wilhelm Bauer, sein Geburtsdatum: 4. August 1911, sein Geburtsort: Feldsberg, ein kleiner Ort bei Nikolsburg in der Slowakei.

Dieser Mann, der in der Nacht des ersten Weihnachtstages an Darmkrebs starb, war Anton Burger, der letzte große Kriegsverbrecher aus dem Sonderstab Eichmanns.

Anton Burger, den Simon Wiesenthal vierzig Jahre gesucht hat und der auf seiner Liste der Mörder am jüdischen Volk ziemlich weit oben stand. Anton Burger, der mit internationalem Haftbefehl gesucht wurde, zuletzt mit einem Haftbefehl, ausgestellt vom Amtsgericht Bremen am 30. August 1968.*

»Der Anton Burger, geboren am 19. November 1911 in Neunkirchen Niederdonau/Österreich
alias Johann Anton Bauer, geboren am 14.7.1911 in Wien, Kunstmaler
alias Dolezel, Fasching, Katzerowsky, Kralik, Riedel, Schützenauer, Steiner mit den jeweiligen Vornamen Anton oder Toni und dem Geburtsjahr 1911
zur Zeit unbekannten Aufenthalts, ist zur Untersuchungshaft zu bringen.

Er wird beschuldigt, in der Zeit von März bis Juli 1944 in Griechenland als deutscher Staatsangehöriger fortgesetzt und gemeinschaftlich mit anderen handelnd

* Bei allen Zitaten aus den Akten werden Orthographie und Interpunktion des Originals beibehalten.

aus Mordlust oder sonst aus niedrigen Beweggründen oder um eine andere Straftat zu ermöglichen oder zu verdecken, Menschen vorsätzlich getötet zu haben,
indem er
als Leiter des Referates IV b 4 beim Befehlshaber der Sicherheitspolizei in Athen aufgrund des von ihm von vornherein gefaßten Tatentschlusses befehlsgemäß die noch im von deutschen Truppen besetzten Gebiet in Griechenland ansässigen Juden festnahm und ihren Abtransport in das Vernichtungslager Auschwitz veranlaßte, wo sie, was er wußte und wollte, bis auf geringe Ausnahmen vernichtet wurden.

Demgemäß führte er am 24. 3. 1944 die Deportation von 1700 Juden aus Athen, am 20. 6. 1944 von 1795 Juden aus Korfu, am 19. 7. 1944 von 1673 Juden von Rhodos, am 24. 7. 1944 von 100 Juden von Kos durch. 90 Prozent seiner Opfer kamen, soweit sie den Transport überlebten, in den Gaskammern von Auschwitz ums Leben. Einen Juden tötete er bei Gelegenheit der Deportation von Korfu anläßlich eines Aufenthaltes auf Lefkadia eigenhändig durch Erschießen. Einen weiteren Juden versuchte er bei derselben Gelegenheit ebenfalls zu erschießen, verletzte diesen indes nur an der Hand.«[1]

Das Strafverfahren bezog sich auf die Deportationen und Morde in Griechenland, wurde dann aber mit zahlreichen anderen Verfahren gegen Burger verbunden, die in Würzburg, Dortmund und Frankfurt geführt worden waren wegen Burgers Tätigkeit ab 1938 in der »Zentralstelle für jüdische Auswanderung«, ab 1939 bei der Zentralstelle in Prag und ab 1941 in Brünn, wo er das Eichmannsche Modell der Ausplünderung von Juden und ihrer Verschickung in die Gaskammern der Vernichtungslager selbständig aufgebaut hatte. Diese Verfahren bezogen sich auch auf Anton Burger, den Lagerkommandanten von Theresienstadt von Anfang Juli 1943 bis Ende Januar 1944.[2]

Allein in dieser Zeit, vom 6. September 1943 bis zum

18. Dezember 1943, war er als Lagerkommandant verantwortlich für die Deportation von 10 067 Menschen aus Theresienstadt nach Auschwitz, von denen 765 überlebten.

Anton Burger hat sich über 40 Jahre lang erfolgreich der strafrechtlichen Verfolgung entzogen. Seine Existenz der letzten dreißig Jahre seines Lebens als Wilhelm Bauer in Essen begann 1962. Bis dahin hatte er sich an verschiedenen Orten verborgen, in Deutschland, in Österreich und vielleicht sogar für kurze Zeit in Italien. Den nahezu klassischen Weg nach Lateinamerika, wie etwa Eichmann, in dessen Gunst er gestanden hatte, fand er nicht. Auch im Nahen Osten wurde er, anders als sein Kumpan aus dem Sonderstab, Alois Brunner, nicht aufgenommen, obwohl er 1952 versucht hatte, im Ägypten unterzukommen. Er hielt sich also immer in Deutschland und Österreich auf. Wie ihm das gelungen ist, versucht diese Rekonstruktion seines Lebens nachzuzeichnen.

Die Akten der Staatsanwaltschaft Bremen waren der Grundstock der Recherche. Dazu kamen die Akten des Dokumentationsarchivs des österreichischen Widerstands in Wien und der Zentralen Stelle der Länderjustizverwaltungen für die Verfolgung nationalsozialistischer Gewaltverbrechen in Ludwigsburg und zahlreiche Gespräche mit Menschen, die Burger gekannt oder nach ihm gefahndet haben.

Diejenigen, die Anton Burger gekannt haben, als er Herr über Leben und Tod war, beschrieben ihn als den brutalen Henker, diejenigen, die mit ihm als Wilhelm Bauer zu tun hatten, zeichneten ein ganz anderes Bild, das eines ganz normalen Spießbürgers. Er war nicht die schillernde Persönlichkeit, nicht der diabolische Finsterling. Anton Burger war als Wilhelm Bauer der unauffällige Anpasser, der sich durch nichts von seiner Umgebung abhob. Nur durch seine Vergangenheit. Die aber hat er erfolgreich verborgen.

Vom Handlungsgehilfen zum Herrenmenschen

Anton Ambros Burger wurde am 19. 11. 1911 in Neunkirchen in Niederösterreich geboren. Sein Vater, Franz Burger, stammte aus Pottenstein, seine Mutter Maria, geborene Kacerosky, aus Burgau. Der Vater war Papierhändler, die Mutter die Tochter eines Eisendrehers. 1909 wurde ihr erster Sohn Franz geboren. Er kehrte als Soldat nicht aus dem Krieg zurück.

Anton besuchte fünf Klassen die Volksschule und drei Klassen die Bürgerschule. Mit vierzehn Jahren begann er eine Lehre als Kaufmann. Während der Lehre besuchte er eine kaufmännische Fortbildungsschule und blieb nach seiner Lehre noch ein Jahr als Verkäufer in seiner Lehrfirma. Mit 18 meldete er sich freiwillig zum österreichischen Bundesheer. In seinem Lebenslauf, den er als SS-Bewerber 1938 schrieb, liest sich das so:

»Als ich am 7. April 1930 zum Infanterie-Regiment Nr. 1 in der Wiener Neustadt einrückte, war ich voll der idealsten Hoffnungen. Leider wurden diese schon nach kurzer Zeit, als ich etwas Einblick gewonnen hatte, durch die politischen Zustände innerhalb des Heeres zerstört. Ich hatte mich in meiner Jugend nie um Politik gekümmert und lehnte daher alle diesbezüglichen an mich herangetretenen Fragen ab. Als mir dann nahegelegt wurde, mich einer Gewerkschaft anzuschließen, tat ich dies auch, aber nicht der mir von oben empfohlenen, sondern dem D. S. B. (Deutscher Soldaten-Bund). Damit hatte ich mir bewußt die Ungnade meiner Vorgesetzten zugezogen.«

Kameraden nahmen ihn, der sich bis dahin politisch nicht interessiert hatte, zu politischen Versammlungen mit. Dort fand Burger seine innere Heimat und Antwort auf »die mich auf einmal brennend interessierenden Fragen«.[3] Die politischen Versammlungen waren die der NSDAP. Burger trat ihr 1931 bei und erhielt die Mitgliedsnummer 611 604. Ein Jahr später gab ihm die Partei einen Vertrauensposten: Er wurde »Kasernführer« für die NSDAP.

Am 28. Juli 1933 wurde Burger aus dem österreichischen Bundesheer unehrenhaft entlassen – wegen seiner Mitgliedschaft in der seit 1933 in Österreich verbotenen Nazipartei, die in Deutschland bereits unangefochten die Macht hatte. In einer späteren Vernehmung im Jahre 1951 im Wiener Landesgericht für Strafsachen sagte Burger: »Nach meiner Entlassung aus dem Wehrdienst verblieb ich noch ganz kurze Zeit zu Hause und ging dann nach Deutschland, da es mir in Österreich aussichtslos erschien, eine Arbeit zu bekommen. Die Grenze habe ich beim Steinernen Meer ohne Reisepaß überschritten. Mit mir waren noch einige andere Leute, die ebenfalls ohne Ausweis die Grenze passierten.« Sie wurden angehalten, zu einer SA-Dienststelle geschickt und zunächst einmal in ein Lager der »Österreichischen Legion« nach Lechfeld gebracht. Ob er bereits dort oder in München Mitglied der SA wurde, daran erinnerte sich Burger 1951 nicht mehr. Jedenfalls blieb er bis zu seinem Übertritt zur SS am 1. Juli 1938 Mitglied der SA. Im Lager Lechfeld erhielt er eine SA-Uniform und eine militärische Ausbildung.

Während des nationalsozialistischen Putsches im Juli 1934 drang auch Burger mit seinen Kameraden in Oberösterreich ein. In seiner Vernehmung 1951 sagte er: »Als in Österreich der Juliputsch war, wurden wir in Wegscheid zusammengezogen, ich glaube, es war dies am 27. 7. 1934 und sollten wir mit Autobus und Beiwagenmaschinen bis Hasbach oder Haslach fahren. Die Aktion wurde von einem Hauptmann Geister der oberösterreichischen SA geleitet.« Und dann, eher kläglich: »Weit kamen wir aber nicht, da wir vorher schon beschossen worden waren.« Um Mitternacht waren Burger und seine Kameraden »mit Autobussen und Beiwagenmaschinen« aufgebrochen, um ihr österreichisches Vaterland für die Nazis einzunehmen. Am nächsten Morgen waren die Helden der »Österreichischen Legion« schon wieder auf deutschem Boden. Und weil es für die Deutschen zu jener Zeit noch das Gesicht vor dem Ausland zu wahren galt, wurden die Grenzverletzer festgenommen und 17 Tage in der Festung Landsberg, in der schon der »Führer« Adolf Hitler in Festungshaft gesessen hatte, interniert. Für Anton Burger verklärten sich diese 17 Tage später zur »Ehrenhaft«.

Nach der Festungshaft in Landsberg erhielt er, wie er später in Wien aussagte, »vier Wochen Hitlerurlaub, den ich in Regensburg verbrachte«. Dort bemühte er sich um eine Arbeitsgenehmigung. Die wurde ihm verweigert: ohne Flüchtlingspaß keine Arbeitsgenehmigung. Einen Flüchtlingspaß bekam er nicht, da er noch keine 25 Jahre alt war. »Es blieb mir daher nichts anderes übrig, als nach München zurückzukehren und hatte ich dann wegen meines Verhaltens heftige Auftritte und wurde schließlich in das Lager Wöllersdorf gebracht.«[4] Die Neigung zu »heftigen Auftritten« behielt Anton Burger ein Leben lang.

In diesem SA-Lager blieb er nicht lange, Anfang 1935 kam er nach Meschede in Westfalen und schließlich ins Lager Lippstadt. Dort ereignet sich Großes in Burgers Leben, wie er in seinem Lebenslauf stolz vermerkte: »1935 errang ich die deutsche Reichsangehörigkeit.«

Mit einer Einbürgerungsurkunde mit dem Wappen des Deutschen Reiches wurde »der ledige Handlungsgehilfe« Anton Ambros Burger am 13. August 1935 Deutscher. Die Urkunde war von der Regierung Oberbayerns gesiegelt und unterschrieben, und der Führer der Standarte Nord West 1 der SA hatte sie auch noch unterschrieben.[5]

Burger hatte jetzt einen deutschen Ausweis, eine

SA-Uniform und eine nationalsozialistische Gesinnung. Eine Arbeit hatte er noch immer nicht. Er bemühte sich, in den Kriminaldienst aufgenommen zu werden. Am 19. Juni 1937 schrieb Gauleiter Hofer für das NSDAP-Flüchtlingshilfswerk an den »Pg. Burger« einen Brief und verwies darauf, daß Bewerbungen nur an das Flüchtlingshilfswerk und nicht etwa an »den Chef der Deutschen Polizei oder an sonstige Stellen« zu richten seien. Er forderte noch ein weiteres Lichtbild von Burger und einen zweiten handgeschriebenen Lebenslauf an. Er versprach ihm: »Die politische Leiter- und Mitglieder-Sammelstelle des NSDAP-Flüchtlingswerkes wird jedoch bestrebt sein neue Möglichkeiten zu schaffen und besteht auch bereits die begründete Aussicht, daß solche bereits neuerlich in nächster Zeit spruchreif werden.«[6]

In der SA hatte Burger zu jener Zeit den Dienstgrad eines Oberscharführers. Im März 1936 meldete er sich für ein halbes Jahr freiwillig zum Arbeitsdienst. Danach kehrte er ins SA-Lager Lippstadt zurück und wurde von dort nach Wackernheim bei Mainz verlegt.

Am 12. März 1938 marschierten die deutschen Truppen in Wien ein, der »Anschluß« war vollzogen. Anton Burger marschierte in der »Legion« mit und war mit ihr zunächst am Sterneckplatz im 2. Wiener Bezirk untergebracht. Nach Safrian waren die am Sterneckplatz untergebrachten SA-»Legionäre« für ihre pogromartigen Streifzüge durch den 2. Wiener Bezirk berüchtigt.[7]

Der »Reichskommissar für die Wiedervereinigung Österreichs mit dem Reich« Josef Bürckel ließ am 26. August 1938 die »Zentralstelle für jüdische Auswanderung« einrichten, unter der »Gesamtleitung« des SD-Führers des SS-Oberabschnitts Donau, Dr. Franz Josef Stahlecker (dem späteren berüchtigten Leiter der »Einsatzgruppe A«). Formell hat Stahlecker die »Zentralstelle« zwar geleitet, doch tatsächlich war es vom ersten Tage an Eichmann, der sie einrichtete und eben zu dem machte, was Safrian die »Lehrstätte für Vertreibungsspezialisten«

nennt.[8] Für Eichmann und seine Männer wurde die Zentralstelle zum Karrieresprungbrett.

Mit dem Einmarsch der deutschen Truppen und der »Wiedervereinigung Österreichs mit dem Reich« wurden die Juden Freiwild. Freiwild für ihre österreichischen Nachbarn und Mitbürger, Freiwild vor allem aber für die alten Kameraden, die sich, wie Burger, um den Aufbau der bis 1938 verbotenen NSDAP in Österreich verdient gemacht hatten. Am Vorabend des deutschen Einmarsches hatten in Wien antijüdische Ausschreitungen unvorstellbaren Ausmaßes begonnen, die Carl Zuckmayer so beschrieb:

»An diesem Abend brach die Hölle los. Die Unterwelt hatte ihre Pforten aufgetan und die niedrigsten, scheußlichsten, unreinsten Geister losgelassen. Die Stadt verwandelte sich in ein Alptraumgemälde des Hieronymus Bosch: Lemuren und Halbdämonen schienen aus Schmutzeiern gekrochen und aus versumpften Erdlöchern gestiegen. Die Luft war von einem unablässig gellenden, wüsten, hysterischen Gekreische erfüllt, aus Männer- und Weiberkehlen, das tage- und nächtelang weiterschrillte. Und alle Menschen verloren ihr Gesicht, glichen verzerrten Fratzen: die einen in Angst, die anderen in Lüge, die anderen in wildem, haßerfüllten Triumph. Ich hatte in meinem Leben einiges an menschlicher Entfesselung, Entsetzen oder Panik gesehen. Ich habe im ersten Weltkrieg ein Dutzend Schlachten mitgemacht, das Trommelfeuer, den Gastod, die Sturmangriffe. Ich hatte die Unruhen der Nachkriegszeit miterlebt, die Niederschlagung von Aufständen, Straßenkämpfe, Saalschlachten. Ich war beim Münchener ›Hitler-Putsch‹ von 1923 mitten unter den Leuten auf der Straße. Ich erlebte die erste Zeit der Nazi-Herrschaft in Berlin. Nichts davon war mit diesen Tagen in Wien zu vergleichen. Was hier entfesselt wurde, das hatte mit der ›Machtergreifung‹ in Deutschland, die nach außen scheinbar legal vor sich ging und von einem Teil der Bevölkerung mit Befremden, mit Skepsis oder mit einem ahnungslosen, nationalen Idealismus aufgenommen wurde, nichts mehr zu tun. Was hier entfesselt wurde, war der Aufstand des Neids, der Mißgunst, der Verbitterung, der blinden böswilligen Rachsucht – und alle anderen Stimmen waren zum Schweigen verurteilt.«[9]

Die Ausschreitungen gegen die jüdische Bevölkerung waren so brutal, daß die NSDAP sich veranlaßt sah, im »Völkischen Beobachter« ihre Vorstellungen von einem geordneten Antisemitismus darzulegen:

»Mußte den Norddeutschen der Nationalsozialismus also vielfach erst auf die privaten, sozusagen unpolitischen Gefahren des Judentums aufmerksam machen, so ist es in Wien im Gegenteil die Aufgabe einer verantwortungsbewußten, um die Untadeligkeit und Reinheit der Bewegung besorgten Volkserziehung, den überschäumenden Radikalismus einzudämmen und die verständliche Reaktion auf die jüdischen Übergriffe eines geschlagenen Jahrhunderts in geordnete Bahnen zu lenken. Denn – das merke sich jeder – Deutschland ist ein Rechtsstaat. Das heißt: In unserem Reiche geschieht nichts ohne gesetzliche Grundlage. (...) Pogrome werden keine veranstaltet, auch nicht von der Frau Hinterhuber gegen die Sara Kohn im dritten Hof, Mezzanin, bei der Wasserleitung.«[10] Was es zu plündern, zu rauben, zu erpressen gab, das wollte sich die SS selbst sichern.

Zehntausende österreichischer Juden wollten das Land verlassen. Im Mai war die Israelitische Kultusgemeinde, die nach dem »Anschluß« geschlossen und deren Vorsteher inhaftiert worden war, wieder geöffnet. Eichmann führte ein diktatorisches Regiment über die Gemeinde und besonders deren Anliegen, Menschen zur Ausreise aus Österreich zu verhelfen. Für die Antragsteller begann ein Spießrutenlaufen bei den verschiedenen Behörden. Tagelanges Anstehen zur Erledigung Dutzender, teils unsinniger Formalitäten war obligatorisch, ohne daß diese Mühe tatsächlich am Ende immer den ersehnten Erfolg gebracht hätte. Das Paßamt in der Wehrgasse in Wien war eine solche Stelle. Safrian zitiert aus den Erinnerungen eines Betroffenen:

»Wie furchtbar war doch die Wehrgasse! Ein viel zu enges Lokal in einem alten Wiener Haus, eine enge Vorstadtstraße, in der sich Tausende drängten, schoben, schwitzten, fluchten. Für ›normale Petenten‹, die den ›geraden‹ Weg gingen, gab es überhaupt keine nennenswerten Fortschritte – Einreichen, das hieß, sich eine Nacht und einen halben Tag anstellen. Aber wer wußte, ob man drankam? Immer wieder schoben sich die Gruppen der Protektionskinder vor, die, geführt von den berüchtigten Blutsaugern, den arischen Intervenienten aus den Nachbarcaféhäusern, antrippelten und zum Einreichen oder Unterschreiben vorgeführt wurden. Das kostete erkleckliche Summen, ersparte aber das Anstellen. Ein so ›Behüteter‹ mußte nicht, mit Stockerl (österr. für Schemel) und Proviant bewaffnet, um elf Uhr abends anturnen und sich die nächsten sieben Stunden lauernd irgendwo in der Umgebung der Wehrgasse herumtreiben. (...) Er mußte nicht, nachdem er in irgendeinem Gäßchen der Umgebung ein Voranstellen überstanden hatte, wenige Minuten vor sechs atemlos das Rennen nach dem besten Platz in der Wehrgasse selbst antreten, nicht von boshaften Wachmännern traktiert die Wehrgasse zum x-ten Male aufkehren und riskierte nicht, nach stundenlangem Anstellen den furchtbaren Sadistenbefehl ›Ganze Reihe, kehrt Euch!‹ befolgen zu müssen, durch den die Zuerstdagewesenen die letzten und die letzten die ersten wurden.«[11]

Zu diesem Zeitpunkt nahmen Eichmann und Herbert Hagen[12] – der allerdings nur für einen Monat – mit dem Sonderkommando des Referates II-112 die Arbeit auf. Aus diesem Referat entstand die »Zentralstelle für jüdische Auswanderung« im Rothschild-Palais in Wien. Eichmann war im September 1938 zum SS-Obersturmführer (Wehrmacht: Oberleutnant) befördert worden. Zwei Referenten im SS-Offiziersrang wurden ihm im September und Oktober 1938 zugeteilt: die Brüder Rolf und Hans Günther, die beiden einzigen »Reichsdeutschen« in der Zentralstelle. Hans Günther, genannt Günther II, wurde später Leiter der »Zentralstelle für jüdische Auswanderung« in Prag, sein Bruder Rolf ging als Stellvertreter Eichmanns ins Reichssicherheitshauptamt nach Berlin.

Das übrige Personal, das sich Eichmann für die »Zentralstelle« zusammensuchte, bestand aus solchen wie Anton Burger: arbeitslose verdiente Parteigenossen, die es nicht nur zu versorgen galt, sondern auf die sich Eichmann auch verlassen konnte. Diese »alten Kämpfer« waren junge Männer, 1939 waren sie zwischen fünfundzwanzig und fünfunddreißig Jahre alt: Franz Novak war 1913 in Wolfsberg in Kärnten geboren, Alois Brunner 1912 in Rohrbrunn im Burgenland, Karl Rahm 1907 in Klosterneuburg bei Wien, Franz Stuschka 1910 in Liesing bei Wien, Herbert Gerbing 1914 in Mödling bei Wien, Anton Zita 1909 in Göllersdorf, Josef Weiszl 1912 in Felsöderna (Rumänien) und in Wien aufgewachsen, Richard Hartenberger 1911, Ernst Girzick 1911, Ferdinand Daurach 1912, Ernst Brückler 1912 und Alfred Slawik 1913 in Wien und eben Anton Burger, geboren 1911 in Neunkirchen, Niederösterreich.[13]

Bei der Ausgabe der Dokumente – wenn sie dann alle beisammen waren, die Bescheinigungen ausgestellt, der letzte Groschen abgepreßt und der Antragsteller sich Hoffnungen auf ein Leben in Freiheit außerhalb des deutschen Machtbereichs machen konnte – waren in der Anfangszeit der »Zentralstelle« Anton Burger und Karl Rahm tätig. Es wurde schikaniert, es wurde mißhandelt. Bürokratisch korrekt, so wie Eichmann es in seinem Prozeß in Jerusalem zu schildern bestrebt war, ging es nicht zu.

Beim Schalter der Kultusgemeinde im Rothschild-Palais erhielten die Antragsteller schließlich das ersehnte »Couvert«, den Umschlag mit den für die Auswanderung erforderlichen Dokumenten. Ein Betroffener: »Dann durfte man endlich den arischen Überprüfern vor das heilige Antlitz treten. Dort waren eine Reihe von Schaltertischen, an denen die Unterbestätigungen überprüft und eingezogen wurden, dann gab es auch Extraschalter, für die keine Vorbestätigungen nötig waren, die aber auch ihr Votum abgeben mußten, z. B. über Rückstände an Telefongebühren und ähnliche Kleinigkeiten. (...) Wehe, wenn einer noch etwas hatte! Die Mühle preßte es ihm ab, so sicher, wie eine wirkliche Mühle ein Korn zerquetscht. Gab's keinen Titel mehr zu erfinden, so ging man zur offenen Erpressung über und ›taxierte‹ den Juden frei von der Leber weg auf offizielles Schmiergeld. (...) Tränen, Bitten, Flehen – keine Hilfe. Die Tax mußte bezahlt werden. Es war ganz unvorhersehbar, wen und in welcher Höhe es treffen würde. Wie der Blitz aus heiterem Himmel.« Und an anderer Stelle beschreibt der Betroffene die Demütigungen und Mißhandlungen, denen die Juden bei der Ausgabe der Dokumente unterzogen wurden, wenn es einem der SS-Männer gefiel, sie einem »Verhör« zu unterziehen. Die Frage: »Was bist du?«, durfte auf keinen Fall mit der Angabe des Berufes beantwortet werden, grobe Mißhandlungen wären die Folge gewesen. Statt dessen mußte der Satz »Ich bin ein jüdischer Betrüger, ein Gauner...« aufgesagt werden, worauf die SS-Männer mit »sehr gut, sehr gut!« ihre Zufriedenheit ausdrückten.[14]

Anton Burger war gerade von der SA zur SS übergetreten. Die SA hatte ihn enttäuscht. Bei seiner Vernehmung im Landesgericht für Strafsachen in Wien 1951 begründete er diese Enttäuschung: »Da ich durch die SA trotz meiner langen Zugehörigkeit eine entsprechende Lebensstellung nicht erhalten konnte, hatte ich mit der SA gebrochen und bin als Bewerber der SS beigetreten. Dadurch bekam ich eine Anstellung beim SD in der Theresianumstraße. Ich möchte richtigstellen: Erst durch meine Anstellung im SD wurde ich Mitglied der allgemeinen SS. Von dort kam ich, glaub ich, noch im Jahr 1938 zur jüdischen Auswanderungsstelle in der Prinz-Eugen-Straße. Dorthin wurde ich kommandiert. In der Prinz-Eugen-Straße war ich mit technischen Arbeiten betraut, und zwar bei der Beschaffung und Überprüfung der Ausreisepapiere der Juden.«[15]

Die Auswirkungen der »rein technischen Aufgaben«, die Burger mit seinem späteren Nachfolger Karl Rahm in der Zentralstelle für jüdische Auswanderung wahrnahm, waren für die jüdischen Antragsteller eine Qual, und zwar nicht nur wegen der schwierigen und langwierigen Prozedur, sondern wegen der Brutalität von Burger und seinen Kumpanen. Die neuen Herren waren jahrelang arbeitslos gewesen und hatten es nicht vermocht, sich wenigstens eine bescheidene Existenz zu sichern. Und nun waren sie die Herren über das Schicksal von Jungen und Alten, von Armen und Reichen, von einfachen Menschen und solchen, die ihnen durch Ausbildung weit überlegen waren und deren sozialer Status unvergleichlich höher war. Bis die Herrenmenschen vom Schlage des »Handelsgehilfe, SD« Burger Macht über sie gewannen.

Das Wiener Modell einer Zentralstelle für jüdische Auswanderung und die phantastischen Möglichkeiten, Juden im Fließbandverfahren abzufertigen, stieß in Berlin auf größtes Interesse. Bereits am 24. Januar 1939 befahl Hermann Göring die Gründung einer »Reichszentrale für die jüdische Auswanderung«. Chef der Reichszentrale wurde Reinhard Heydrich, Geschäftsführer und damit verantwortlich für die praktische Abwicklung wurde der Standartenführer und spätere Gestapochef Heinrich Müller. Ihr gehörten Beamte des Innen-, Finanz- und Außenministeriums an.[16] Mit dieser Einrichtung, die Gestapo und SD unter einem Dach vereinigte, wurde die Vertreibung der Juden aus Deutschland und Österreich so erfolgreich betrieben, daß Eichmann nach dem Einmarsch der deutschen Truppen in die Tschechoslowakei im März 1939 in Prag eine »Zentralstelle für jüdische Auswanderung« einrichtete. Das Modell war dasselbe wie in Wien und Berlin: Unter dem Dach des Reichssicherheitshauptamtes wurde die örtliche Gestapoleitung als »Geschäftsführung« eingesetzt, die lokale jüdische Gemeinde unter Druck und Drohung zur Mitarbeit verpflichtet. In Wien war es die Kultusgemeinde unter ihrem Amtsdirektor Dr. Josef Löwenherz, in Berlin die Reichsvereinigung der deutschen Juden unter Leitung von Rabbiner Leo Baeck. In Prag mußte die Jüdische Kultusgemeinde unter ihrem Zentralsekretär Dr. Fleischmann mit der SS in der »Zentralstelle« zusammenarbeiten.

Im Juli 1939 konnte der zum »Befehlshaber der Sicherheitspolizei in Böhmen und Mähren« aufgestiegene Franz Josef Stahlecker stolz die Einrichtung der Prager »Zentralstelle für jüdische Auswanderung« nach Berlin melden. Mit der Leitung der Zentralstelle wurde Eichmann beauftragt, der sie mit dem schon in Wien erfolgreichen Team seiner Mitarbeiter, Franz Novak, Karl Rahm, Franz Stuschka und Anton Burger, aufgebaut hatte. Die Angestellten der jüdischen Gemeinde Prag wurden nach Wien zur Schulung geschickt, Mitglieder der Wiener Gemeinde mußten in Prag ihre Leidensgefährten instruieren.[17]

Burger hat in seiner späteren Vernehmung im amerikanischen Internierungslager »Marcus W. Orr« in Glasenbach bei Salzburg am 5. März 1947 seine Tätigkeit in Prag als »Verwaltungsaufgaben« dargestellt: Buchhaltung und Vermietung und Verpachtung ehemaligen jüdischen Immobilieneigentums in Prag. Während Burgers Tätigkeit, so stellte der CIC in diesem Vernehmungsprotokoll fest, hatte die »Zentralstelle für die Regelung der Judenfrage in Böhmen und Mähren« fünfhundert bis achthundert Grundstücke und Häuser ehemals jüdischer Eigentümer in Besitz.[18]

Die »Eichmann-Männer« machten Karriere. Zu »Führers Geburtstag« am 20. April 1940 wurde Anton Burger, der als SS-Oberscharführer nach Prag gekommen war, befördert. Er wurde SS-Untersturmführer im SD. Das entsprach in der Wehrmacht dem Rang eines Leutnants.

Im Frühjahr 1941 stieg Anton Burger weiter auf: Er

erhielt die Aufgabe, die Zentralstelle in Brno (Brünn) als Niederlassung der Prager Einrichtung aufzubauen. Diese Zentralstelle hieß »Auswanderungsfonds für Böhmen und Mähren«, Anton Burger stand ihr vor und wohnte in der Karl-Wawra-Gasse IIa.

In seiner späteren Vernehmung beim Landesgericht für Strafsachen in Wien 1951 versuchte er, diese Tätigkeit herunterspielen: »Zuerst hatte ich mit Transportangelegenheiten von Juden nichts zu tun, erst später wurde meine Dienststelle auch damit beauftragt.« Sicher, alles war befohlen und »beauftragt« worden, eigene Verantwortung wollte Burger nicht gehabt haben.

Ganz anders weiß es ein damals junger Mann, der von 1942 bis zum Herbst 1944 Häftling in Theresienstadt war, bevor er im Herbst 1944 nach Auschwitz deportiert wurde: Sam Berger, geboren in Karpatho-Rußland, das Ungarn sich einverleibte, und dann Bürger der Slowakei, also des Hitler-Gebildes »Protektorat Böhmen und Mähren«. Sam Berger war Schüler des Jüdischen Gymnasiums in Brünn gewesen und deshalb interessierte er sich besonders für Transporte, die aus Brünn in Theresienstadt eintrafen. Auch als Anton Burger noch Leiter der Zentralstelle in Brünn war, hatte sich sein Ruf als brutaler Rohling schon bis Theresienstadt herumgesprochen.

Sam Berger: »Jeder hat durch Mundpropaganda von ihm gewußt. Vor mir war damals ein Transport von Brünn gekommen. Und von diesem Transport waren noch einige wenige da. Man hat mir gesagt, der Burger habe in Brünn schrecklich gewütet und besonders gegen den Vorsitzenden der jüdischen Gemeinde. König hat er geheißen. Bei dem hat er gleich dafür gesorgt, daß König wegkam (ins Vernichtungslager). Königs Sohn hatte ein sehr schönes Mädchen geheiratet, Margot Levi. Die kannte ich vom Jüdischen Gymnasium. Auch sie war mit auf den Transport gegangen. Man hat mir gesagt: dafür hat der Burger gesorgt.«[19]

Am 15. März 1941 richtete Burger ein Verlobungs- und Heiratsgesuch an den Chef des Rasse- und Siedlungshauptamtes. Er wollte die 24jährige Angestellte aus der Gauleitung Nieder-Donau, Hermine Schützenauer, heiraten, die schon ein halbes Jahr bei ihm in Brünn lebte. Er stand kurz vor seiner Beförderung, am 20. April 1941 wurde er SS-Obersturmführer (Wehrmacht: Oberleutnant). Mit Schreiben vom 17. Juli 1941 genehmigte der Chef des Sippenamtes im Rasse- und Siedlungshauptamt der SS im Führerhauptquartier die Hochzeit: »(...) Gegen die Erteilung der Verlobungs- und Heiratsgenehmigung bestehen seitens der zuständigen Sachbearbeiter im R.u.S.-Hauptamt SS keine Bedenken.«

So wurde am 25. August 1941 im Standesamt Wien-Floridsdorf geheiratet. 1942 und 1943 wurden zwei Söhne geboren.

In der Vernehmung im CIC-Internierungslager in Glasenbach erklärte Burger 1947, der »Auswanderungsfonds« in Brünn habe zwischen 1200 und 1500 Häuser und Wohnungen »verwaltet«, die früher jüdischen Besitzern gehörten. Die Wohnungen, von ihren jüdischen Besitzern geräumt unter Zurücklassung des gesamten Inventars, übergab die Gestapo mit dem Schlüssel an die Hausverwaltung. Danach bediente sich die Finanzverwaltung. Tische, Bücherschränke, Teppiche, Sessel, Bilder und Schreibmaschinen, aber auch Musikinstrumente und sogar Bettwäsche besserer Qualität waren, so hieß die Anweisung des Finanzministeriums, für den internen Gebrauch auszusondern.[20] Gegenstände minderen Wertes wurden entweder an Altwarenhändler verkauft oder der »Nationalsozialistischen Volkswohlfahrt« (NSV) überlassen.

Aber auch die Gestapo ging nicht leer aus. Die Leitungen der Zentralstellen (und ihre Protegés) konnten sich ungeniert bedienen, bevor die Juden deportiert wurden: Sie ließen einfach durch die Kultusgemeinden beschlagnahmen, was ihnen begehrenswert erschien.

So berichtete eine ehemalige Angestellte des Fernamtes der deutschen »Dienstpost« in Prag – die später 15 Monate in Theresienstadt als Telefonistin gearbeitet hat –, man habe ihr in Prag eine wunderschöne Wohnung zum Kauf angeboten. Sie sei herrlich eingerichtet gewesen und sollte möbliert 3000 Reichsmark kosten. Sie habe ihren Vater angerufen, um sich mit ihm zu beraten, und der habe ihr gesagt: »Du läßt die Finger davon, das macht man nicht. Abgesehen davon werde ich dir das Geld dafür nicht geben.« Es sei ihr und ihrem Vater klar gewesen, daß diese Wohnung ehemals einer jüdischen Familie gehört habe.[21]

Aber Burger »verwaltete« nicht nur solche Wohnungen in Brünn. Er stellte auch Transporte »nach dem Osten« oder nach Theresienstadt zusammen. Daß er Einfluß auf diese Transporte hatte, ergibt sich aus einer Vernehmung der Geheimen Staatspolizei, Staatspolizeileitstelle Brünn, Referat II B 2, vom 26. März 1942. Offenbar war der »Kreisrechtswahrer der NSDAP«, ein gewisser Dr. Branczik, denunziert und von Burger beschuldigt worden, er habe sich für Juden verwenden wollen, die für den Transport bestimmt waren:

»Burger gibt, mit dem Gegenstande der Sache vertraut gemacht, folgendes an:

(Burger): Den genauen Wortlaut meiner seinerzeitigen Unterredung mit Dr. Branczik habe ich heute nicht mehr in Erinnerung, dagegen kann ich mich auf den Sachverhalt noch genau erinnern. Die Unterredung fand meines Wissens Mitte November 1941 in meiner Dienststelle statt. Er eröffnete die Unterredung mit der Frage, ob ein gewisses Haus, das sich im Besitze des Auswanderungsfonds befindet, von ihm nicht gekauft werden könne. Ich erwiderte ihm, daß ein Hauskauf derzeit nicht möglich sei und er eigentlich darüber Bescheid wissen müsse. Darauf zog Branczik ein Telegramm aus der Tasche und sagte, er wolle sich nicht für Juden einsetzen, sondern frage nur an, ob es nicht möglich sei, daß der in dem Telegramm erwähnte Jude aus dem Judentransport ausgeschieden werden könne. Ich verneinte diese Frage. Branczik nahm ein zweites Telegramm zur Hand, welches sich um eine gleiche Angelegenheit, jedoch um einen anderen Juden handelte. Das erste Telegramm war aus Übersee und war direkt an den Juden Fischer adressiert, das zweite Telegramm stammte aus Budapest und war an Dr. Branczik adressiert.

Auf besonderes Befragen: Haben Sie den Eindruck gewonnen, daß Branczik die Frage wegen des Hauskaufes zum Vorwand nahm, um sich wegen seiner Intervention für die zwei in Frage stehenden Juden moralisch zu sichern? Nach Lage der Sache ist Branczik dringend verdächtig, wegen einer ihm nachgesagten Judenfreundlichkeit in der Hauptsache wegen der beiden Juden gehandelt zu haben.

(Burger): Branczik hat als Kreisrechtswahrer der NSDAP darüber besondere Kenntnis, daß bis zu diesem Zeitpunkt November 1941 keine Hausverkäufe seitens des Auswanderungsfonds stattfanden. Darüber hinaus hatte er als Rechtsanwalt besondere Kenntnis darüber, daß der Auswanderungsfonds bis zu diesem Zeitpunkt November 1941 keine Hausverkäufe tätigte, weil er in verschiedenen Schriftsätzen für die von ihm vertretenen Klienten diesbezüglich Anträge einbrachte und keine erledigenden Antwortschreiben bekam. Ich muß also aus den zwei angeführten Tatsachen den Schluß ziehen, daß Branczik höchstwahrscheinlich in der Hauptsache wegen den beiden Juden vorsprach, da diese bereits in den nächsten Tagen abtransportiert werden sollten.

Auf besonderes Befragen: Konnten Sie den Worten des Dr. Branczik entnehmen, daß er Ihnen als Kreisrechtswahrer der NSDAP praktisch einen technischen Vorschlag insofern machen wollte, als er nachwies, es werden anstatt einem Juden, praktisch zwei Juden aus Brünn weggeschafft, wenn der eine Jude aus dem Transport herausgenommen würde, seine Auswanderung antritt und dadurch ein weiterer Jude in den Transport eingereiht wird. Branczik behauptet, dies sei der Hauptgrund überhaupt gewesen, warum er bei der Zentralstelle vorgesprochen habe. Er habe also an Stelle der Zentralstelle im Sinne der Judenfragelösung gedacht.

(Burger): Ich bestreite ganz entschieden, daß Branczik in vorstehender Weise mit mir gesprochen hat. Es wurde kein Wort noch von Branczik, viel weniger von mir darüber verwendet, daß durch die Auswanderung des einen Juden praktisch ein anderer Jude eingereiht werden könne und dadurch wiederum praktisch zwei Juden aus dem Protektorat herausgeführt würden.

Auf besonderes Befragen: Hat Dr. Branczik im Zuge der in Frage stehenden Unterredung darauf hingewiesen, es bestände allerdings die Gefahr, falls der Jude nach Übersee auswandere, dieser Gelegenheit bekäme, Greuelmeldungen zu verbreiten?

(Burger): Ich bestreite auch an dieser Stelle ganz entschieden, daß Branczik derartiges gesprochen hat.

Auf besonderes Befragen: Besteht die Möglichkeit, daß Branczik am Schluß seiner Unterredung mit Ihnen, nachdem er die Aussichtslosigkeit seiner Vorsprache feststellte, die Bemerkung fallen ließ: ›Ich bitte Sie meine Intervention nicht etwa als für den Juden gerichtet aufzufassen und schicken Sie ihn nach Polen, wenn es nicht anders möglich ist.‹

(Burger): Es ist durchaus möglich, daß am Schluß unserer Unterredung Branczik sich in ähnlicher Weise ausgedrückt hat. Im übrigen hat Branczik bei Beginn unserer Unterredung sich vorsichtig ausgedrückt und darauf hingewiesen, er frage nur an. Mein Gesamteindruck ist, daß Branczik entweder aus geschäftlichen Interessen oder aus Bindungen gegenüber den Juden, die mir allerdings nicht bekannt sind, diese Unterredung mit mir herbeigeführt hat.

Einem besonderen Umstand bitte ich nachzugehen, bzw. Branczik darüber eingehend zu befragen. Es ist eigentümlich und auffallend, daß der Jude, trotzdem er höchstens 4 Tage Zeitvorsprung hatte, in der Lage war, entweder selbst oder mit Hilfe dritter Personen ein solches Telegramm aus Budapest zweifellos zu organisieren, zumal er fast keine Möglichkeiten hatte, mit dem Ausland telegrafisch zu verkehren.

Im Zusammenhang mit dieser Sache habe ich die Juden Fischer und Altschul auf meine Dienststelle vorgeladen. Bei der Frage an die beiden Juden, ob sie Branczik für seine Tätigkeit Geld gegeben hätten, haben die Juden dies verneint. Ich bin fest davon überzeugt, daß die Juden vor dem Erscheinen auf meiner Dienststelle bei Dr. Branczik vorsprachen und sich entsprechende Weisungen holten; mindestens haben die Juden nach der Vorsprache bei meiner Dienststelle Branczik über den Inhalt meiner Fragen an die Juden in Kenntnis gesetzt.«[22]

Nein, Burger ließ sich keine Juden abjagen. Die er für den Transport vorsah, hatten keine Möglichkeit mehr, sich zu retten. Und wer versuchte, ihnen zu helfen, der wurde der Gestapo gemeldet. Was aus »Dr. Branczik« geworden ist, nachdem Burger angeregt hatte, ihn »eingehend« zu befragen, weiß man nicht.

Ende 1942 wurde Anton Burger ins Reichssicherheitshauptamt nach Berlin kommandiert. In seiner Vernehmung im CIC-Internierungslager 1947 in Glasenbach sprach er von »Unstimmigkeiten« mit dem Leiter der Zentralstelle in Prag, SS-Hauptsturmführer Hans Günther, die ihm seine Abberufung aus Brünn eingebracht hätten.[23] In seiner Vernehmung im Landesgericht für Strafsachen in Wien 1951 sagt er: »Auf Grund von Zerwürfnissen mit dem Leiter der Zentralstelle für jüdische Auswanderung in Prag, namens Hans Günther, kam ich von Brünn weg und mußte mich in Berlin beim Reichssicherheitshauptamt melden. Dort war ich ebenfalls mit Angelegenheiten des jüdischen Vermögens beschäftigt.«[24]

In Berlin war Burger bei Eichmann im Referat IV b 4 und dem Bruder seines Feindes Günther II, Rolf Günther, unterstellt. 1947 sagte er aus, von Ende 1942 bis Juni 1943 sei er für das Referat IV b 4 bei verschiedenen Reisen nach Wien, Prag und ins Konzentrationslager Theresienstadt Kurier für »Geheime Reichssachen« für die verschiedenen Stellen des SD gewesen. Den Inhalt dieser geheimen Botschaften, die er überbracht hatte, wollte er nicht gekannt haben.[25]

Am 5. Juli 1943 wurde der erste Lagerkommandant von Theresienstadt, Dr. Siegfried Seidl, abgelöst. Anton Burger trat an seine Stelle. Er wurde der gefürchtetste der Lagerkommandanten.[26]

Anton Burger, der Lagerkommandant von Theresienstadt, deportiert zehntausend Menschen in den Tod

In der »Wannseekonferenz« am 20. Januar 1942 hatte Reinhard Heydrich, Chef der Sicherheitspolizei und »Reichsprotektor von Böhmen und Mähren« mitgeteilt, daß man »Reichsjuden« über 65 Jahre in ein Altersghetto bringen werde. Dort sollten sie eines natürlichen Todes sterben. In ein solches Ghetto sollten auch jüdische Kriegsveteranen geschafft werden, die entweder »schwerkriegsbeschädigt« waren oder hohe Auszeichnungen erhalten hatten. Diesen beiden Gruppen wurde später noch eine dritte hinzugefügt, sogenannte »prominente« Juden, deren Deportation in Todeslager möglicherweise unangenehme Fragen aus dem Ausland zur Folge gehabt hätte.

Hilberg geht der Frage nach, warum die SS überhaupt ein solches Ghetto einrichten wollte:

»Sicherlich spielte dabei der Gedanke, daß alte Menschen ohnehin nicht mehr lange leben würden, eine Rolle, doch für sich genommen gebe diese Überlegung nicht den Ausschlag. Immerhin mußte er (Heydrich, d. Verf.) eine eigene Ghettostadt errichten, um diese Juden, deren Zahl er auf rund 30 Prozent der gesamten jüdischen Bevölkerung des Reichs – 85 000 von 280 000 – veranschlagte, unterzubringen. Zudem traf das Kalkül mit der Lebenserwartung nicht auf die Veteranen zu, die überwiegend Ende 40 oder Anfang 50 waren. Die Lösung des Rätsels gab Heydrich selbst: Er wollte ›Interventionen‹ vermeiden. Das wirft eine interessante Frage auf: Weshalb erwartete er ›Interventionen‹ zugunsten von Alten und Veteranen, nicht aber zugunsten von Frauen und Kindern? Die Antwort ist in dem umfänglichen Gebäude von Rechtfertigungen und Rationalisierungen zu suchen, die sich die Bürokratie zur Entlastung ihres Gewissens errichtet hatte.

Die Standardbegründung für die Deportationen lautete, die Juden seien eine Gefahr für das Reich und müßten deshalb ›nach dem Osten evakuiert‹ werden, wo sie Schwerarbeit, etwa beim Straßenbau, zu verrichten hätten. In dieses Bild fügten sich die Alten nicht ganz ein. Sie stellten keine Gefahr dar, und sie konnten keine Straßen bauen – tatsächlich lebten viele von ihnen in Altersheimen. Daher schuf Heydrich das ›Altersghetto‹ Theresienstadt als ein ›Reservat‹ für ›alte und gebrechliche Juden, die den Strapazen der Umsiedlung nicht gewachsen waren‹. Auf diese Weise schrieb er die ›Umsiedlungslegende‹ nicht nur fort, er bekräftigte sie noch.«[27]

In einer von Heydrich gezeichneten Verordnung vom 16. Februar 1942 im »Verordnungsblatt des Reichsprotektors«[28] ordnete er die Einrichtung des Ghettos an. Man wollte ein zentrales Konzentrationslager für die »Protektoratsjuden« schaffen und nebenbei ein Alters- und Prominentenghetto.

Das im 18. Jahrhundert von Kaiser Franz Josef II. als Garnisonstadt gegründete Städtchen, das er nach seiner Mutter, der Kaiserin Maria Theresia nannte, wurde nun von seinen ursprünglich tschechischen Bewohnern geräumt. Die Menschen wurden evakuiert, es wurde eine »Judensiedlung« eingerichtet. Im Reich blieb man bei der Umschreibung »Altersghetto«. Die Einrichtung des Lagers Theresienstadt war die letzte gegen die Juden gerichtete Tat von Sicherheitschef Reinhard Heydrich. Kurz darauf fiel er einem Attentat zum Opfer.

Das Lager Theresienstadt unterstand der Aufsicht der Zentralstelle für jüdische Auswanderung (ab 1943: Zentralamt für die Regelung der Judenfrage) in Böhmen und Mähren in Prag. Für Theresienstadt wurde ein eigenes SS-Kommando geschaffen. Alle drei Kommandanten, Dr. Siegfried Seidl (November 1941 bis Anfang Juli 1943),

Anton Burger (Juli 1943 bis Ende Januar 1944) und Karl Rahm (Februar 1944 bis Mai 1945), waren »Eichmann-Männer«, seit den ersten Tagen der Existenz der Zentralstelle in Wien bestens vertraut mit der Behandlung jüdischer Menschen im Sinne der SS.

H. G. Adler hat detaillierte Berechnungen über die Zu- und Abgänge nach und von Theresienstadt bis zum 20. April 1945 erstellt. Danach wurden insgesamt 140 937 Menschen nach Theresienstadt deportiert und zwar:
aus dem Protektorat Böhmen und Mähren 73 603
aus dem Altreich 42 821
aus Österreich 15 266
aus den Niederlanden 4894
aus der Slowakei 1447
aus Bialystok (Kinder) 1260
aus Ungarn 1150
aus Dänemark 476
Sonstige 20
Geburten und unbeständige Zugänge 247
Demgegenüber stehen die Abgänge:
deportiert 88 202
gestorben 33 456
befreit 1654
geflohen 764
von der Gestapo verhaftet und vermutlich ermordet 276.

Am 9. Mai 1945 waren von den insgesamt 141 184 Menschen noch 16 832 übriggeblieben.[29]

Das also war das Ghetto für die Alten, Veteranen, Prominenten. Das war, wie Burger es in seiner Vernehmung im Landesgericht für Strafsachen in Wien 1951 nannte, das »jüdische Siedlungsgebiet«. Das Lager Theresienstadt war ein Verschiebebahnhof für die Todeslager, und alle drei Kommandanten hielten die Todesmaschinerie – vor allem in Auschwitz – durch ständige Deportationen aus Theresienstadt in Gang.

Unter der Aufsicht der SS waren in Folge drei »Judenälteste« ernannt worden: Jakub Edelstein, der Vorsitzende der Prager Jüdischen Gemeinde; Dr. Paul Eppstein von der Reichsvereinigung der deutschen Juden Berlin und für die allerletzten Wochen des Lagers Rabbi Dr. Benjamin Murmelstein, der ehemalige Leiter der Abteilung »Auswanderung« bei der Kultusgemeinde Wien.

Auch zu Zeiten des ersten Lagerkommandanten, Dr. phil. Siegfried Seidl, geboren am 24. August 1911 in Tulln im Bezirk Wiener Neustadt, war Theresienstadt kein Erholungsheim. In dem kleinen Städtchen lebten ursprünglich rund 5000 Bewohner und, da es Garnisonstadt war, noch einmal so viele Soldaten. Zunächst wurden die Juden aus Böhmen und Mähren, dem sogenannten »Reichsprotektorat«, nach Theresienstadt gebracht. Die ersten Juden aus Prag kamen im November 1941 als »Aufbaukommando« (AK), ab Anfang 1942 die ersten Transporte. Bis Juni 1942 lebten auch noch nichtjüdische Tschechen in Theresienstadt, die nach und nach »ausgesiedelt« wurden. Das Lager quoll über von Menschen, die später aus ganz Europa nach Theresienstadt deportiert wurden.

Die ersten Transporte aus dem Lager gingen am 10. und 22. Oktober 1942 nach Treblinka. Ab dem 26. Oktober 1942 wurde vor allem nach Auschwitz deportiert. Die Zusammenstellung der Transportlisten oblag im wesentlichen dem Judenrat, befohlen wurden sie von der »Zentralstelle für jüdische Auswanderung«. Daß aber die Lagerkommandanten, wie Seidl in seinem Prozeß am 5. April 1946 vor dem Landesgericht für Strafsachen in Wien behauptete,[30] »keinerlei Einfluß auf die Transporte« nahmen, stimmt nicht. Es stimmt nicht für ihn, und es stimmt vor allem nicht für seinen Nachfolger Burger. Die ehemalige Telefonistin aus Theresienstadt erinnert sich genau, wie die Deportationen abliefen:

»Das Haus neben der Kommandantur war leer. Die Kommandanten wollten nicht, daß da jemand einzog oder die Verwaltung Büros einrichtete. Aus einem der leeren Zimmer sah man in einen Hinterhof. Es war ja in Theresienstadt so, daß die Häuser große Höfe nach innen hatten. Da habe ich gesehen, daß die Häftlinge dort in langen Schlangen sehr lange stehen mußten mit Papieren in der Hand. Und dann wurden Nummern aufgerufen. Stundenlang haben sie dort stehen müssen bei Wind und Wetter und Kälte. Im Frühherbst 1942 hat das angefangen.«[31]

Diese Praxis wurde auch bei Burger eingehalten: Diejenigen, die zur Deportation in den Tod ausersehen waren, wurden dem Kommandanten vorgeführt.

Auch zu Seidls Zeiten hat es im Lager Terror gegeben, Häftlinge wurden hingerichtet wegen Briefschmuggels und anderer geringfügiger Delikte. Seidl selbst wollte an diesen Urteilen unschuldig gewesen sein: »Eines Tages kam Eichmann nach Theresienstadt und gab mir und dem Judenältesten Edelstein gemeinsam bekannt, daß auf Briefschmuggel die Todesstrafe stehe; er möge dies seinen ›Rassegenossen‹ in geeigneter Weise weitergeben, was seitens Edelstein auch befolgt wurde.«[32] Auch Günther II, der damalige Leiter der Zentralstelle für jüdische Auswanderung Prag, habe als Dienstvorgesetzter der Kommandanten auf die Todesstrafe bei Schmuggel und »sonstigen unerlaubten Kontakten mit der Außenwelt« Einfluß gehabt.

Daß in der »Kleinen Festung«, die Heinrich Jöckel befehligte und die der Gestapoleitstelle Prag unterstand, Menschen gequält, mißhandelt und ermordet wurden, war zu Seidls Zeiten so und zu Burgers ebenfalls. Im Urteil des Volksgerichts Leitmeritz / ČSSR vom 25. Oktober 1946 gegen Heinrich Jöckel sind einige dieser Grausamkeiten festgehalten:

»(...) Sie wurden geschlagen, auf Befehl mußte ein Häftling den anderen mit der Schiebkarre in den Sumpf stoßen, wobei auch die Tochter Jöckels, Nana, zusah. (...) Jöckel sah zu, wie die toten Juden mittags und abends vom Arbeitsplatz in die Leichenkammer gebracht wurden. Es kam vor, daß ein untenstehender Jude von oben mit Erdmassen verschüttet wurde. Wenn er nicht völlig verschüttet war, besonders, wenn der Kopf aus den Erdmassen noch hervorragte, wurde er erschlagen. Der Zeuge Z. gibt an, daß im Konzentrationslager Buchenwald, in dem Menschen ›verlorengingen‹, es den Juden besser ging als in Terezin (Theresienstadt). Es wurde behauptet, der Angeklagte Jöckel habe selbst befohlen, täglich zwei tote Juden aus dem Storch-Kommando herbeizuschaffen.«[33] Jöckel hatte mehrfach behauptet, die Kommandantur von Theresienstadt habe ihm Häftlinge zu Hinrichtungen, Erschießungen und sonstigen »Strafaktionen« überstellt.

In Theresienstadt herrschte ein Schreckensregiment. An der Spitze stand der Kommandant, bis zum 1. Juli 1943 Seidl. Der Lagerinspektor und »Leiter der Rechtsabteilung« war der Friseur Karl Bergel aus Berlin; sein gefürchteter Mitarbeiter war der SS-Oberscharführer Haindl. Als Seidl als Lagerkommandant von Theresienstadt abgelöst und als Kommandant nach Bergen-Belsen geschickt wurde, übernahm Burger Bergel und Haindl und fand in ihnen die Spießgesellen, die seinen Ruf als »der Brutalste von allen« festigten.

Anfang Juli 1943 wurde Anton Burger Lagerkommandant von Theresienstadt. In dem im Europa Verlag erschienenen Sammelband »Theresienstadt« wird der Wechsel in der Kommandantur von Seidl zu Burger so begründet:

»Im Laufe der Zeit entstehen zwischen der Prager Zentralstelle und der übergeordneten Berliner Zentrale (Reichssicherheitshauptamt) Spannungen, die sich auch auf das Lager Theresienstadt auswirken. Deswegen kommt es sogar zu einem Wechsel auf dem Posten des Lagerkommandanten. Seidl versteht es nicht, sich dem geplanten Kurswechsel, wonach aus dem Konzentrationslager ein »Altersghetto«, das sogenannte »Reichsaltersheim für Juden« gemacht werden soll, entsprechend anzupassen. Die Nazis brauchten diese Veränderungen im Lager, um Nachrichten über bestialische Verbrechen in den Ostlagern entgegenwirken zu können. Derartige Nachrichten beginnen sich schon im Ausland zu verbreiten. Anfang Juli tritt daher Anton Burger an Seidls Stelle. Er ist ein fanatischer Feind alles Tschechischen, man weiß, was er in Brünn verbrochen hat, er ist als Schläger und auch dafür bekannt, daß er illegale Verbindungen der Häftlinge mit der Außenwelt besonders brutal bestraft – dieser Mann kommt also nach Theresienstadt.«[34]

Ein Überlebender hat am 4. April 1947 eine eidesstattliche Erklärung gegenüber der Wiener Israelitischen Kultusgemeinde abgegeben. Der Mann war Anfang Januar 1942 aus Hamburg zusammen mit sechzig anderen in einem Viehwaggon nach Theresienstadt deportiert worden, auf diesem Transport sind drei Menschen gestorben. Er war bis September 1944 in Theresienstadt und wurde dann nach Auschwitz deportiert. In seiner Erklärung hieß es: Nach Seidl wurde der gefürchtete SS-Obersturmführer Burger (Lagerkommandant), einer der rücksichtslosen Bestien, der die meisten Menschen nach Birkenau-Auschwitz in die Gaskammer deportiert hat.«[35]

Und die ehemalige Telefonistin aus Theresienstadt, Frau E. S., sagte aus: »Burger war sehr gefürchtet. Es waren dort junge SS-Bewerber, so 18, 19 Jahre alt. Die hatten dort einen Druckposten – sie brauchten nicht an die Front. Die haben gemeint, sich durch besondere Brutalität den Leuten gegenüber hervortun zu müssen, und es hat ihnen niemand auf die Finger geschaut. Burger schon gar nicht. Der hat die Tschechen gehaßt. Er hat keinen Widerspruch geduldet. Er hat rumgebrüllt, er hat geschlagen. Er war ein absoluter Herrscher. Sein Gehilfe Haindl war auch sehr, sehr übel. Der hat sich dort schrecklich aufgespielt, er war ein brutaler, mieser Teufel. Mit dem konnte Burger gut.«[36]

Als erstes schickte sich der neue Lagerkommandant an,

Theresienstadt zu verschönern: »Burger beginnt die Durchführung seiner Pläne zur Verbesserung des Aussehens des Lagers damit, daß er eine Änderung aller Straßennamen anordnet. Er läßt alle Nummern und Buchstaben, die die Häuserblocks bezeichnen, entfernen; die Straßen bekommen raffinierte Namen wie Seestraße, Parkstraße, Badstraße, Bergstraße. Das ist wichtig für die Absenderadresse, wenn Häftlinge ins Ausland schreiben, weil man dadurch die Leute vielleicht zu der Annahme verleiten kann, in Theresienstadt gebe es einen See, einen Park, ein Heilbad oder wenigstens einen Berg.«[37]

Im übrigen verschlechterten sich die Zustände im Lager unter Burger. Der Leiter des Rechtsbüros der Israelitischen Kultusgemeinde Wien hat am 5. April 1946 vor dem Landesgericht für Strafsachen Wien im Prozeß gegen den ersten Lagerkommandanten Dr. Siegfried Seidl ausgesagt: »Während Seidl nach außen hin liebenswürdig zu scheinen versuchte, war sein Nachfolger Burger ein ausgesprochener Rohling. Burger war der gefürchtetste Lagerkommandant. Burger hat geschlagen, mißhandelt, wegen geringster Delikte schwerste Strafen verhängt.«[38]

Eine der Strafen war die Zwangsabtreibung. Frauen, die schwanger nach Theresienstadt gekommen waren, hatten keine Zwangsabtreibung zu befürchten. Es wurden in Theresienstadt 203 Kinder geboren. Aber alle Frauen, die in Theresienstadt schwanger wurden, mußten abtreiben. Am 21. August 1943 sah sich der jüdische Leiter des Gesundheitswesens, Dr. Erich Munk, veranlaßt, an sämtliche Ärzte und Frauenärzte in Theresienstadt im Auftrag des Lagerkommandanten eine Weisung zu erteilen: »Bei Gelegenheit der letzten zwei Geburtsanzeigen teilt Herr SS-Obersturmführer Burger mit, daß künftig alle Väter der hier gezeugten Kinder, als auch Mutter und Kind in Transporte eingereiht werden und daß sie abgeschoben werden. Wir ersuchen daher nochmals vorerst, sämtliche Ihnen bekannte Schwangerschaften, soweit sie noch nicht gemeldet sind, zu melden, denn wegen nicht rechtzeitiger Meldepflicht macht sich auch der untersuchende Frauenarzt mitwissend und daher schuldig. Die Mitteilungen, die den schwangeren Frauen gemacht werden, haben ganz eindeutig zu klingen, daß die Schwangerschaftsunterbrechungen über behördlichen Auftrag durchgeführt werden müssen.«[39]

Der Leiter des Rechtsbüros der Israelitischen Kultusgemeinde Wien erinnerte sich in seiner Vernehmung im Seidl-Prozeß: »Da die Geschlechter in Theresienstadt wohnungsmäßig streng getrennt waren, wurde die Schwangerschaft einer Frau meistens mit der Verschickung bestraft. Jede Schwangerschaft mußte dem Kommandanten angezeigt werden, der darüber entschied, ob der Mutter die Erlaubnis erteilt wird, das Kind auszutragen oder ob die Mutter zu deportieren ist. Mir ist bekannt, daß Burger in dieser Beziehung sehr streng war.«[40]

Vor dem Bezirksgericht Znaim/ČSSR wurde am 3. November 1964 Emil J. vernommen. Er war am 1. Dezember 1942 zusammen mit seiner Frau Rosa von Brünn nach Theresienstadt geschickt worden. Sie war in Theresienstadt schwanger geworden, und auf Burgers Veranlassung wurden beide am 18. Dezember 1943 nach Auschwitz deportiert. Die junge Frau wurde dort ermordet. Der Zeuge sagte aus: »Für den Fall, daß eine schwangere Frau, unter ihnen befand sich auch meine Frau, ein Kind zur Welt brachte, war angeordnet, daß der jüdische Arzt das Kind töte. Dies wurde jedoch von allen Frauen abgelehnt. Sie wurden darauf wegen dieser Ablehnung in den Transport nach Birkenau eingereiht. Der Arzt, der die Tötung vornehmen sollte, lehnte dies ebenfalls ab. Es handelte sich um Dr. Gansl, dessen Vornamen ich nicht kenne. Er wurde wegen der Verweigerung, den Befehl zu vollziehen, hingerichtet. Dies weiß ich deshalb, da die Schwangere meine frühere Ehefrau Rosa J. war.«[41] Die Frauen hatten sich jedoch gegenseitig ermutigt, ihre Kinder auszutragen, »und sei es auch für den Preis der Deportation«.[42]

Ende der fünfziger Jahre versuchte Burger in einem Brief an den Bürgermeister seines Heimatortes Neunkirchen in Niederösterreich, seine Zeit als Lagerkommandant schönzulügen: »Sicherlich war die Internierung der Juden eine harte Massnahme, aber ein Krieg bringt diese eben mit sich und jedes Land hat die Angehörigen eines Feindstaates interniert. Durch die Tatsache, dass am 3.9.39, dem Tage der britischen Kriegserklärung, der Zionistenführer und spätere 1. Präsident des Staates Israel, Chaim Waizmann, von London aus eine Deklaration erliess, wurden diese Maßnahmen ausgelöst. Waizmann erklärte damals: ›Ich wünsche in nachdrücklichster Form die Erklärung zu bestätigen, daß wir Juden an der Seite Großbritanniens stehen und für die Demokratie kämpfen werden. Aus diesem Grunde stellen wir uns in den kleinsten und grössten Dingen unter die zusammenfassende Leitung der brit. Regierung. Die jüdische Vertretung ist bereit, in sofortige Abkommen einzutreten, um alle menschlich-jüd. Kraft, ihre Technik, ihre Hilfsmittel und alle Fähigkeiten nützlich einzusetzen.‹ Diese Erklärung war ausdrücklich auch für die im Deutschen Machtbereich lebenden Juden abgegeben und machte sie zu kriegsführenden Gegnern des Landes, dessen Staatsbürger sie waren oder unter dessen Verwaltung sie standen. Dass diese Erklärung natürlich kein Recht gab, die Juden einfach zu vernichten, ist selbstverständlich, damit hatte ich aber nichts zu tun und war darüber genausowenig informiert, wie jeder andere Unbeteiligte.«[43]

Als hätten Burger und seinesgleichen nicht seit dem 30. Januar 1933 die Juden als Staatsfeinde betrachtet. Als hätten sie nicht schon vor dem 3. September 1939 verfolgt, gequält, vertrieben. Und was Burger angeht: Auch vor dem 3. September 1939 hat er Juden geschlagen, gedemütigt und mißhandelt, besonders in der Zentralstelle in Wien. Mit der Vernichtung wollte er nichts zu tun gehabt haben und sei »darüber genausowenig informiert wie jeder andere Unbeteiligte auch«. Dabei hat er selbst

Einfluß auf die Transporte in die Todeslager genommen: »In die Zusammenstellung der Transporte hat der Lagerkommandant Burger selbst eingegriffen. Bislang durften Häftlinge aus den Arbeitskommandos (Aufbaukommando und Transport J) nicht in die Deportationstransporte eingereiht werden. Burger hat dann aber angeordnet, daß die Häftlinge eben dieser Kommandos vor ihm antreten mußten. Er selbst hat dann doch jeweils entschieden, wer dem nächsten Deportationstransport zugeteilt wurde und wer bleiben konnte. Burger hat diese Entscheidung nach eigenem Ermessen getroffen, und zwar nach dem Gesichtspunkt, ob der jeweilige Häftling jung war und sich gegebenenfalls gegen die Nazis erheben könnte. Am 6. September 1943 wurden an einem einzigen Tag 5007 Häftlinge abtransportiert.«[44]

Es besteht kein Zweifel daran, daß Burger gewußt hat, wohin die Transporte gingen und zu welchem Zweck. Schon zu Zeiten von Seidl war im Lager bekannt, daß die Transporte in Todeslager gingen. Die frühere Telefonistin, die vorübergehend mit Seidl liiert war, erinnert sich: »Es wurde uns, dem Personal, gesagt, die kommen nach dem Osten. Dort wird eine Rüstungsindustrie aufgebaut, weil das Ruhrgebiet schon sehr bombardiert war. Das habe ich zuerst auch geglaubt. (...) Im Kameradschaftsheim, das mag ich kaum sagen, hatten wir natürlich jede Menge Dienstpersonal. Man kann sich schon vorstellen, woher. Es war dort eine junge tschechische Friseurin, die kannten wir gut. Die konnten wir uns immer bestellen, wenn wir sie brauchten. Eines Tages, ich war gerade in meinem Zimmer, kam eine Freundin angelaufen und sagt: Komm schnell her, die ... – ich habe den Namen der jungen tschechischen Frau vergessen – sie weint und weint und hört nicht auf. Ich bin dann mitgegangen, und die junge Frau war gar nicht zu beruhigen. Sie sagte, sie komme auf den Transport in den Osten. Ich habe ihr gesagt: ›Ja, aber da werdet ihr doch zum Arbeiten in der Rüstungsindustrie eingesetzt, das ist doch nicht schlimmer als hier.‹ Sie hat gesagt: ›Nein, nein, das sind Todeslager im Osten. Wir werden alle umgebracht.‹ Ich habe das nicht glauben können, aber die junge Frau wußte das offenbar ganz genau. Ich habe am Abend Seidl gefragt, und er ist mir ausgewichen und wollte nicht mit mir reden. Ich bin dann so lange in ihn gedrungen, bis er gesagt hat: ›Das sind Todeslager im Osten, und jetzt gib endlich Ruh.‹ Von dem Zeitpunkt an habe ich mich bemüht, aus Theresienstadt wegzukommen. Nur weg.«[45]

Es ist ihr gelungen, aber erst Ende August 1943, und so hat sie Anton Burger als Lagerkommandant auch noch erlebt. Daß Burger von allem nichts gewußt haben wollte, war zwar typisch für ihn und Mörder seines Schlages, aber desto weniger glaubhaft. Er wußte genau, wohin er die schwangeren Frauen mit ihren Männern und manchmal mit Neugeborenen deportieren ließ, und was sie erwartete. Er wußte genau, wohin die Transporte, die er in Brünn zusammengestellt hatte, gingen. Und selbstverständlich kannte er den Bestimmungsort der Deportationszüge aus Theresienstadt. Angeordnet von der Zentralstelle in Prag sind unter Anton Burger – und meist mit seinem Einfluß – folgende Transporte nach Auschwitz gegangen:

Am	6. 9.1943	2479 Häftlinge (es überlebten 27),
am	6. 9.1943	weitere 2528 Häftlinge (es überlebten 10),
am	5.10.1943	53 Häftlinge (niemand überlebte),
am	15.12.1943	2504 Häftlinge (es überlebten 279),
am	18.12.1943	2503 Häftlinge (es überlebten 449).[46]

Nicht enthalten in dieser Statistik des Todes ist ein Transport von etwa 1200 Kindern im Alter von vielleicht vier bis zwölf Jahren, der am 5. Oktober 1943 Theresienstadt verließ und zwei Tage später in Auschwitz ankam. Von der Rampe wurden diese Kinder ins Gas getrieben. Sie sind weder registriert noch gezählt worden.

Burger schickt einen Kindertransport nach Auschwitz

Bevor am 6. September 1943 an einem einzigen Tag 5007 Häftlinge aus Theresienstadt nach Auschwitz deportiert wurden, war ein Häftlingstransport ganz besonderer Art in Theresienstadt eingetroffen. »Es war ein Kindertransport. Bevor dieser Transport ankam, wurde eine strenge Ausgangssperre angeordnet. Niemand durfte auf die Straße und nicht einmal ans Fenster. Die SS-Leute führten dann durch die verlassenen, leeren Straßen des Lagers völlig heruntergekommene, in Lumpen gehüllte, vollkommen entkräftete Kinder. Sie führten sie zuerst in die Entlausungsstation. Viele der Kinder waren barfuß, andere hatten halb zerschlissene Schuhe oder Holzpantinen an. Sie trugen Reste alter Uniformstücke oder sonst ganz zerrissene Kleider. Sie hielten sich an den Händen und blickten ängstlich um sich. Vor Angst trauten sie sich nicht einmal zu sprechen.

Bei der Entlausungsstation waren Burger und alle SS-Leute der Kommandantur anwesend. Sie achteten streng darauf, daß niemand mit den Kindern sprach. Sie sollten nicht mit den Häftlingen sprechen, die in der Entlausungsstation arbeiteten.

Als den Kindern befohlen wurde, sie sollten sich ausziehen und in die Entlausungsstation hineingehen, begannen sie, laut zu weinen, und verzweifelt wehrten sie sich dagegen, dort hineinzugehen. Einige schrieen: ›Gas, Gas!‹ Damals konnten sich das die Häftlinge nicht erklären. Heute wissen wir es – diese Kinder wußten damals schon von den Gaskammern.

Die Kinder waren verlaust und nach dem mehrtägigen Transport ganz verschmutzt. Sie mußten fast mit Gewalt entkleidet und in die Entlausungswanne gebracht werden.

Die ganze Entlausung dauerte an die 26 Stunden. Nachher wurden die Kinder sauber eingekleidet und in die westlichen Baracken abgeführt, die durch Stacheldraht eingezäunt waren. Dort waren sie streng vom übrigen Lager isoliert. Niemand, nicht einmal der Judenälteste, hatte zu ihnen Zutritt. Aus dem Lager wurden für diese Kinder Ärzte und Pflegerinnen ausgesucht. Dies waren 53 Häftlinge. Sie durften die westlichen Baracken dann nicht mehr verlassen. Einem der Häftlinge in der Entlausungsstation gelang es, mit einem der älteren Jungen zu sprechen. Er stellte fest, daß die Kinder aus Bialystok kamen. (...) Wie viele Kinder es waren, weiß niemand genau. Sie durften nicht gezählt werden, sie wurden auch nicht mit den anderen Häftlingen zusammen in der Kartei geführt. Das Essen für die Kinder wurde im ›Ghetto‹ gekocht, es waren etwa 1500 Portionen.«[47]

An den Kindertransport erinnerten sich die meisten Häftlinge, die zu dieser Zeit in Theresienstadt waren, wenn sie auch keinen Kontakt mit den Kindern haben durften. »Freunde von mir, einer hieß Elieser Moldovan und ein anderer war der Kreindler; sie gehörten zu denen, die die Kinder in Empfang nehmen und betreuen sollten. Und da hat man gehört, was die Kinder erzählt haben. Sie haben gesagt, in Bialystok mußten die Leute raus auf die Hauptstraße. Von beiden Seiten waren Posten aufgestellt worden, und als die Leute rauskamen, fing man an zu schießen. Wie die Kinder gerettet wurden, wußten sie selbst nicht. (...) Die Kinder wurden bei uns nicht in der Kartei geführt. Es wurde Essen für sie gekocht – was heißt schon: Essen. Die Kübel wurden zu ihnen gebracht und die Leute, die das gebracht haben, durften gar keinen Kontakt mit ihnen aufnehmen. Dafür haben die deutschen Behörden schon gesorgt.«[48]

Es kursierten Gerüchte im Lager, daß diese Kinder ausgetauscht werden sollten, in die Schweiz oder nach Palästina. Und wie das mit Gerüchten so ist: etwas stimmte daran.

Die Kinder kamen aus Bialystok. Bialystok war am 27. Juni 1941 von den Deutschen besetzt worden. Sofort nach der deutschen Besetzung war es zu Pogromen gekommen: »Damals brannten die Deutschen eine Reihe Häuser nieder, unter anderem Fabriken, Geschäfte und Wohnhäuser von Juden, und nachher wurden die Leute auf der Straße angehalten, Tausende von Leuten, Männer im Alter von 17 bis 50. Die Leute wurden zusammengeschleppt, am Donnerstag, Freitag, Samstag; sie wurden ins Verhör genommen, man fragte sie, was ihr Beruf sei. Die meisten antworteten, daß ihr Beruf ein freier Beruf sei, um nicht mit Arbeitern verwechselt zu werden und des Kommunismus verdächtigt zu werden. Das, behaupteten sie, war das Gute. Alle diese Leute kehrten nie mehr in ihre Häuser zurück. Und das erzählten nachher die wenigen, die von dieser Verschleppung zurückkamen. (...) Nachher, nach zwei Jahren wurde uns bekannt, daß sie in die Petrascher Lande verschleppt und dort durch Erschießen hingerichtet wurden.«[49]

Etwa eine Woche nach der Besetzung von Bialystok begannen sie, das Ghetto in einem abgebrannten Stadtteil namens »Rubetska« (Neue Welt) einzurichten. Rund 50 000 Menschen wurden dort zusammengepfercht.

Zwei Jahre später, am 16. August 1943, begann die Liquidierung des Ghettos. Es hatte sich in Bialystok eine Untergrundbewegung gebildet, die der Liquidierung verzweifelten, aber hoffnungslosen Widerstand entgegensetzte.

Im Eichmann-Prozeß sagte ein Zeuge aus Bialystok aus: »Am 16. August 1943 um vier Uhr früh hörten wir große Bewegung außerhalb des Ghettos, und einige Minuten später kamen die ersten deutschen Soldaten ins Ghetto. (...) Soldaten oder andere Einheiten, wir konnten das nicht so genau feststellen. Deutsche waren es, viel mehr wußten wir nicht, sie waren auf Motorrädern und auf Kraftwagen und sie hatten Stahlhelme. Im Laufe weniger Minuten erfüllten sie das ganze Ghetto und nahmen Stellungen ein in den Fabriken und im Judenrat. Sie stellten das Liquidierungskommando dar. (...) Die Untergrundbewegung, die einen Plan zum Widerstand hatte, war natürlich aus dem Konzept gebracht und nach einigen Versuchen, mit der Spitze des Untergrundes in Verbindung zu gelangen, hieß es, man sammelt sich in der Kepplerstraße. Wir erhielten Waffen (...) Wir griffen den Zaun (um das Ghetto) an und versuchten den Zaun zu durchbrechen. Es gelang uns, aber wir konnten aus dem Ghetto nicht heraus. (...) Es waren Maschinengewehre außerhalb des Ghettos aufgestellt und jeder Versuch des Ausbruchs wurde durch das Maschinengewehr liquidiert.«[50] Drei Stunden widerstanden die Untergrundkämpfer des Ghettos mit ihren Revolvern, Gewehren und selbstgefertigten Handgranaten, dann wurden sie überwältigt und zum Bahnhof Bialystok getrieben. Dort standen sämtliche Bewohner des Ghettos tagelang, es waren mehr als 50 000 Menschen.

Der Zeuge: »Der Weg zum Felde war mit Paketen und Mitteilungen bestreut, denn der Judenrat hatte mitgeteilt, daß die Juden das Ghetto bis neun Uhr früh verlassen müssen, und wenn nach neun Uhr irgend jemand im Ghetto gefunden würde, wird er an Ort und Stelle erschossen werden. Die Juden nahmen kleine Pakete mit, und die kleinen Pakete warfen sie am Weg zum Felde ab, wegen der Hiebe und Schläge, die ihnen von den Deutschen ausgeteilt wurden, und zwar von beiden Seiten des Weges. Es standen dort Deutsche mit Waffen im Feld. Als ich dorthin kam, waren schon große Massen vorhanden, die Deutschen schlugen unaufhörlich. Selbstverständlich, daß sich die Juden zusammendrängten. Niemand war daran besonders interessiert, Schläge zu empfangen, und daher war das Gedränge unsagbar. Es waren auch solche da, die das nicht aushalten konnten und Widerstand leisteten, auch mit Worten, und diejenigen wurden durch die Deutschen an Ort und Stelle erschossen und wurden durch die Massen zerstampft.«[51]

Am 28. Januar 1971 sagte vor der israelischen Polizei auf Ersuchen der Zentralen Stelle in Ludwigsburg die Zeugin H. L. aus: »Von 1941 bis 1943, das heißt bis zur Liquidierung des Ghettos, arbeitete ich als Sekretärin des Vorsitzenden des Judenrates von Bialystok, er hieß Dr. Barasch. Er lebt nicht mehr. Die Liquidierung des Ghettos begann in der zweiten Hälfte des Monats August 1943. Als die Liquidierungsaktion bereits im Gange war, wandten sich die deutschen Behörden – es kann sein, daß es die Gestapo war – an Dr. Barasch und verlangten von ihm die Zustellung von 1200 Kindern. Gleichzeitig wurde Dr. Barasch inoffiziell angedeutet, daß diese Kinder gegen Deutsche ausgetauscht werden sollten, die im ehemaligen Palästina waren. Die Kinder sollten im Alter von sechs bis zwölf Jahren sein. In der Gruppe waren aber auch Kinder, die jünger als sechs Jahre waren. In der Gruppe dieser 1200 Kinder waren etwa 400 Kinder aus den beiden Waisenhäusern, der Rest kam von ihren Eltern, die ihre Kinder freiwillig abgaben, da sie sich Hoffnung machten, die Kinder auf diese Weise retten zu können. Als Begleiter der Kinder wurden vom Judenrat etwa zwanzig Personen bestimmt. Ich war als Leiterin der ganzen Gruppe eingesetzt.

In unserer Gruppe befanden sich auch drei Mütter mit ihren Kindern, deren Männer in Palästina waren und für sie Papiere geschickt hatten. Eine von diesen Frauen hieß S., auch sie hatte ihr kleines Kind dabei. (. . .) Die Kinder waren in einigen Gebäuden, gegenüber dem Krankenhaus in der Fabrycznastraße konzentriert. Dort blieben sie einige Tage. Dann wurden die Kinder zusammen mit ihren Begleitern zur Bahn geführt. Seitens der SS begleiteten uns Dibus und weitere acht bis zehn SS-Männer. Dibus blieb aber in Bialystok, die anderen SS-Männer fuhren mit uns. Wir – das heißt die Begleiter und die Kinder – wurden in Personenzügen verladen. Vom Judenrat bekamen wir Wasser und Brot auf den Weg. Die SS-Leute fuhren in einem extra Waggon, und ich muß sagen, daß sie uns nicht belästigten auf dem Weg, außer, daß einige in unsere Waggons kamen und uns unsere Wertsachen abnahmen.

Nach etwa drei Tagen und Nächten kamen wir in Theresienstadt an. Auf dem Bahnhof, wo wir die Ortsbezeichnung lesen konnten, wurden wir aus dem Zug geholt. Wir, damit meine ich die Erwachsenen. Die Kinder blieben im Zug. Auf dem Bahnhof befanden sich außer unseren SS-Begleitern weitere Uniformierte, aber wer sie waren, weiß ich nicht. Hier will ich bemerken, daß die drei Familien mit den palästinensischen Papieren ihre Kinder bei sich hatten. Auch ich hatte ein Kind bei mir, das mir zwar nicht gehörte, das ich aber betreute. Uns wurde gesagt, daß wir den Kindern vorfahren, um die Herberge für sie zu bereiten. Wenn alles fertig ist, werden auch die Kinder nachgeschickt. Wir wurden dann sofort in einen anderen Waggon verladen, wie gesagt, waren wir etwa zwanzig Personen, und wir fuhren ab. Auch dieser Waggon war ein Personenwagen, kein Viehwaggon. Auch auf der Reise waren wir ziemlich frei und schöpften keinen Verdacht, obwohl wir von SS-Leuten begleitet wurden. Nach etwa 24 Stunden kamen wir in Auschwitz an.«[52]

Sofort nach der Ankunft der Gruppe fand in Auschwitz eine Selektion statt. Die drei Mütter, die Auswanderungspapiere nach Palästina hatten, wurden mit ihren Kindern sofort ins Gas geschickt. Daß die Zeugin überlebte, obwohl sie ein kleines Kind betreute, verdankte sie dem Umstand, daß Frau S. zu ihrem kleinen Mädchen auch dieses Kind vor der Selektion zu sich genommen hatte. Die Zeugin hat die 1200 Kinder nie wiedergesehen. Sie erkundigte sich bei jedem ankommenden Transport aus Theresienstadt nach den Kindern, und schließlich erfuhr sie, daß die Kinder etwa sechs Wochen nach ihrer Ankunft in Theresienstadt nach Auschwitz deportiert und von der Rampe sofort in die Gaskammer geführt wurden. Niemand kannte ihre Namen, niemand hat sie zählen dürfen. In Auschwitz wurden sie in die Lagerkartei nicht mehr aufgenommen.

Im Frühjahr 1943 gab es unter Leitung des Reichsaußenministeriums tatsächlich eine Reihe von Konferenzen, an denen nicht allein Vertreter der Abteilungen Recht, Politik und Propaganda teilnahmen, sondern auch Eichmann für das Referat IV b 4 des Reichssicherheitshauptamtes anwesend war. Der Gesandte der Schweizer Botschaft in Berlin hatte sich in einer Note an das Reichsaußenministerium gewandt und dort einen Wunsch der britischen Regierung vorgetragen. Die Briten suchten um die Erlaubnis nach, daß »5000 nichtarische Personen, 85 Prozent Kinder und 15 Prozent Begleitpersonal aus Polen, Litauen und Lettland« nach Palästina ausreisen dürften.[53] Auch bei der rumänischen und der bulgarischen Regierung hatte das Internationale Rote Kreuz angefragt, ob man jüdischen Kindern die Ausreise erlauben würde. Die gleiche Anfrage ging später bei der französischen Vichy-Regierung ein. Der rumänische Marschall Antonescu, einer der treuesten Paladine Hitlers und ganz gewiß einer der antisemitischsten, war diesem Vorschlag nicht abgeneigt. Er wollte Juden, die in Ghettos in Transnistrien konzentriert waren, um jeden Preis loswerden. So signalisierte er, wenn nicht rumänischer Schiffsraum zu Verfügung gestellt werden müsse, dann könne man möglicherweise zu einer Übereinkunft kommen.

Das war nicht im Interesse der Deutschen. Sie ließen im übrigen alle Regierungen innerhalb des deutschen Machtbereiches und der sogenannten »Achse« wissen, es sei ihnen ja unbenommen, ihre Juden »nach dem Osten evakuieren« zu lassen. Zwar traf man sich im Reichsaußenministerium oft und diskutierte zunächst einmal darüber, ob man den Engländern ein Austauschverfahren vorschlagen sollte: Die Ausreise jüdischer Kinder gegen die Option, »wertvolle deutsche Kräfte aus dem Ausland heimzuschaffen«. Eichmann war grundsätzlich dagegen. Am 25. Juni 1943 vermerkt eine »Geheim-Aufzeichnung«: »Der Herr Reichsaußenminister und der Reichsführer SS haben sich dahin entschieden, daß hinsichtlich der Anfrage des Gesandten Feldscher an die Reichsregierung eine Antwort dahingehend erteilt werden solle, daß grundsätzliche Verhandlungsbereitschaft bestehe, sofern die englische Regierung sich bereit erkläre, die Juden statt in Palästina in England aufzunehmen und dies durch einen Beschluß des Unterhauses sanktionieren läßt. Weiterhin hat der Herr Reichsaußenminister angeordnet, daß diese Angelegenheit auf breitester Basis propagandistisch ausgewertet werden solle, und zwar als Beweis unserer proarabischen Einstellung in der Palästina-Frage als auch hinsichtlich der projüdischen Einstellung der Engländer. Es dürfte damit zu rechnen sein, daß britischerseits die Forderung nicht akzeptiert wird. In diesem Falle liegt die Verantwortung eindeutig bei den Engländern. Sollte England wider Erwarten unsere Forderung erfüllen, dürfte dies propagandistisch besonders gut auswertbar sein und darüber hinaus uns noch die Möglichkeit bieten, die Fragen eines Austausches der Juden gegen internierte Deutsche in Vorschlag zu bringen.«[54] Es war den deutschen Behörden klar, daß das Unterhaus nicht für die Genehmigung der Aufnahme der jüdischen Kinder in England zuständig war, sondern der britische Innenminister. Aber es war ja auch klar, daß die Aktion scheitern und das Scheitern propagandistisch ausgeschlachtet werden sollte. Besonders günstige Auswirkungen der propagandistischen Ausschlachtung versprach sich Ribbentrop auf »nationale arabische Kreise«.[55]

Die Verhandlungen zogen sich dennoch hin. Am 7. Januar 1944 – da waren die Kinder aus Theresienstadt längst in Auschwitz ermordet worden – wurde dem Gesandten Feldscher mündlich eine Antwort der deutschen Behörden erteilt: »Obwohl die Anfrage der Britischen Regierung wegen der Ausreisegenehmigung für 5000 Juden nicht erkennen läßt, zu welchen Gegenleistungen man britischerseits bereit wäre, ist die Reichsregierung nicht abgeneigt, den englischen Wunsch im positiven Sinne zu erwägen und in entsprechende Verhandlungen einzutreten.

Da jedoch die Reichsregierung ihre Hand nicht dazu bieten kann, daß ein so edles und tapferes Volk wie die Araber durch die Juden aus ihrem Heimatland Palästina verdrängt werden, können diese Verhandlungen nur unter der Voraussetzung aufgenommen werden, daß sich die britische Regierung damit einverstanden erklärt, daß die Juden statt nach Palästina nach Großbritannien überführt werden und daß sie ihnen dort die endgültige Niederlassung garantieren.«[56]

Die britische Regierung signalisierte zwar eine Aufnahme der Kinder und ihrer Begleiter in England, wollte sich zur Endgültigkeit der Niederlassung aber nicht äußern. Am 2. Juni 1944 überbrachte der Gesandte Feldscher eine neue britische Präzisierung, daß nämlich die britische Regierung die jüdischen Kinder »in dem britischen Bereich außer Palästina und den Nahen Orient« aufnehmen wolle. Am 5. Mai unterschrieb Legationsrat Eberhard von Thadden, im Reichsaußenministerium zuständig für das Referat II A (Juden), eine Mitteilung an den Staatssekretär:

»Vertraulich wurde vom Reichssicherheitshauptamt mitgeteilt, daß 5000 Judenkinder, die für eine Ausreise in Betracht kämen, nur aus dem Ghetto von Litzmannstadt zur Verfügung stünden. Dieses Ghetto würde jedoch auf Weisung des Reichsführers SS demnächst aufgelöst werden.«[57]

Am 27. Mai 1944 hat Reichsaußenminister Ribbentrop dann endgültig verfügt, daß »im Augenblick in der Feldscher-Angelegenheit (...) nichts unternommen werden soll.«[58]

Die 1200 oder vielleicht 1260 Kinder aus Bialystok sind in diesen Dokumenten nicht erwähnt, es ist aber höchstwahrscheinlich, daß man sie zumindest für diesen Zweck vorrätig haben wollte.

Am 5. Oktober 1943 hatten sie Theresienstadt verlassen. Wie es an diesem Tag zuging, daran erinnert sich der

Zeuge P. H., der am 23. März 1961 von der israelischen Polizei vernommen wurde. Er war im November 1941 als Mitglied des »Aufbaukommandos« nach Theresienstadt gekommen und wurde am 28. September 1944 nach Auschwitz deportiert: »Wie ich mich erinnere, sind die Kinder in der Nacht angekommen, und gleich am nächsten Tag wurde der Befehl erlassen, der jeden Juden mit der Todesstrafe bedrohte, wenn er mit diesen Kindern, über die ich spreche, ohne Erlaubnis in Kontakt kommen oder sich ihnen nähern würde. Ich erinnere mich, daß dieser Befehl im Namen der SS-Kommandantur erteilt worden ist. (. . .) Wie im Ghetto herumgesprochen wurde, sind die Kinder nach ›Kreta‹ gebracht worden, um sie dann in die Schweiz zu schicken. Ich erinnere mich, daß eines Tages ein Gerücht verbreitet wurde, daß die Kinder am nächsten Tag mit ihren Betreuern in die Schweiz reisen sollten. Auf Anforderung des Dr. Munk und Dr. Reinisch (die beiden Leiter des jüdischen Gesundheitswesens, d. Verf.) meldeten sich ein Arzt und eine Krankenschwester freiwillig noch zu dem Ärzte- und Schwesternpersonal, das die Kinder die ganze Zeit betreute. Sie dachten, daß sie mit den Kindern in die Schweiz fahren würden. Am Tage, als die Kinder mit der Bahn abfuhren, war ich in Bauschowitz, wo sich damals der Bahnhof von Theresienstadt befand. Aus einer Entfernung von vielleicht fünfhundert Metern sah ich, wie die Kinder in die Eisenbahnwaggons gebracht wurden. Es waren acht Waggons. Wir sahen, daß die Deutschen die Kinder in solchen Mengen in die Waggons pferchten, daß wir dachten, sie müßten wohl an der anderen Seite wieder herauskommen. Ich habe gesehen, daß die Kinder mit den Händen der SS-Leute in die Waggons gepfercht wurden. Dort waren nur SS-Leute, keine tschechischen Gendarmen, ausgenommen der tschechische Kommandant Janacek. Ich habe das Schreien von Janacek gehört, doch wegen der Entfernung habe ich nicht verstehen könne, was er schreit. Dieser Janacek benahm sich ebenso grausam wie die SS-Leute und wurde nach dem Kriege aufgehängt. (. . .) Auf Ansuchen des Ältestenrats war ich in Bauschowitz, um dem Ältestenrat darüber berichten zu können, was mit den Kindern vorgeht. Mit mir waren noch drei weitere Personen. Wir hatten unseren gelben Stern versteckt.[59]«

Zur selben Zeit, als sich die Kinder im streng abgetrennten Teil des Lagers mit Namen »Kreta« befanden, war auch Eichmann in Theresienstadt. Daran erinnert sich der Zeuge genau.

Am 7. Oktober 1943 trafen die Kinder mit ihren 53 Begleitern in Auschwitz ein und wurden sofort von der Rampe ins Gas geführt. Es waren aber auch bereits in Theresienstadt Kinder aus diesem Transport gestorben.

Befehlshaber der Sicherheitspolizei und des SD in Prag war in der Zeit von Juli 1942 bis Mai 1945 Dr. Erwin Weinmann. Er soll in den letzten Tagen des Krieges in Prag erschossen worden sein; deshalb wurde er auf Antrag seiner Frau für tot erklärt. Es gab aber auch bis in die siebziger Jahre Gerüchte, daß er in Spanien unter anderem Namen leben soll. Weinmann war zum Schluß seiner Karriere und am Ende des »Tausendjährigen Reiches« SS-Standartenführer und Ritterkreuzträger. 1909 in Frommenhausen bei Tübingen geboren, hatte er in Tübingen Medizin studiert und das Studium mit »sehr gut« abgeschlossen. Bis 1942 hatte er sich, laut einem Vermerk aus dem Reichssicherheitshauptamt vom 3. Oktober 1944,[60] als Kommandoführer der Einsatzgruppe C so hervorgetan, daß ihm die »Medaille Winterschlacht 1941/42« verliehen wurde. Man weiß, gegen wen und wo die Einsatzgruppe »im Osten« Schlachten geschlagen hat: gegen die Juden, die »Partisanen«, die »slawischen Untermenschen«. Und immer hinter der Front. Mit dieser Vorgeschichte bestens empfohlen, wurde Dr. Erwin Weinmann, Vater von drei kleinen Kindern, BDS in Prag und damit der Chef aller Mörder in der Zentralstelle für jüdische Auswanderung und in Theresienstadt.

Gegen Burger und Weinmann gemeinsam hat sich ein

Ermittlungsverfahren der Staatsanwaltschaft Würzburg gerichtet. Beide wurden des Mordes an jüdischen Kindern beschuldigt. Nachdem der Staatsanwaltschaft Würzburg jedoch bekannt geworden war, daß Weinmann angeblich tot oder zumindest für tot erklärt worden war, bat sie die Bremer Staatsanwaltschaft, das Verfahren Burger wegen des Mordes an den Kindern zu übernehmen. Im Sommer 1972 kam dann auch dieses Verfahren gegen Anton Burger nach Bremen.

Über diese Kinder schrieb H. G. Adler, der Chronist von Theresienstadt: »Mehrere Kinder, die an Scharlach und anderen Infektionen erkrankt waren, wurden in der Sokolhalle, die als Infektionsspital diente, in einem Keller isoliert, einmal bei Nacht von SS-Männern abgeholt, auf die ›Kleine Festung‹ geschafft und dort umgebracht.«[61]

Die Staatsanwälte waren sich nicht sicher, ob es sich um den Mord an den erkrankten Kindern aus dem Bialystoker Transport handelte oder ob Burger einen weiteren bislang unbekannten Massenmord an Kindern zu verantworten hatte. Es sieht jedoch so aus, als beschriebe Adler den Mord an den Bialystoker Kindern, und auch Lagus und Polák berichteten davon: »Ein Teil der Kinder (aus Bialystok, d. Verf.) erkrankte in Theresienstadt an Infektionskrankheiten. Sie wurden in einen isolierten Teil der ehemaligen Sokolhalle von Theresienstadt gebracht. Es waren dies etwa 22 Kinder, nach anderen Angaben waren es schließlich 50 Kinder. Eines Tages kam ein Lastwagen. Damit wurden alle kranken Kinder in die ›Kleine Festung‹ weggefahren. Dort hat man sie erschlagen. Am nächsten Tag brachten SS-Leute aus der ›Kleinen Festung‹ einige Holzkisten. Häftlinge, die im Krematorium arbeiteten, haben berichtet, daß aus den Kisten noch Blut floß. Die Kisten durften nicht geöffnet werden und mußten verbrannt werden. Die SS-Leute haben in diesem Fall die Verbrennung selbst besorgt. Den Heizern des Krematoriums und den Ärzten wurde unter Androhung von Todesstrafe verboten, über diese ganze Sache zu sprechen. In diesen

Kisten waren wahrscheinlich die Leichen der totgeschlagenen kranken Kinder.«[62]

Der Wiener Johann Vostrel kam als einer der ersten nach Theresienstadt, er war SS-Hauptscharführer und wurde dort Fahrdienstleiter. Die Wiener Staatspolizei des Bundesinnenministeriums vernahm den späteren Hilfsarbeiter Vostrel am 21. April 1965. Und wie das so mit Naziverbrechern ist, was die eigenen Taten angeht, ist das Gedächtnis eher schwach, aber Vostrel sagte immerhin aus: »Bezüglich der Hinrichtung von 16 bis 18 Kindern in der ›Kleinen Festung Theresienstadt‹ gebe ich folgendes an: Im Jahre 1943, ich glaube, es war schon nahe dem Jahresende zu, bekam ich vom ehemaligen SS-Obersturmführer Anton Burger den Befehl, einen Lastkraftwagen in die ›Kleine Festung‹ zu entsenden. Die Gestellung des LKWs hatte nachts um etwa 2.00 oder 3.00 Uhr zu erfolgen. Vom LKW-Fahrer habe ich dann erfahren, daß er 16 bis 18 Särge von der ›Kleinen Festung‹ in das Krematorium habe transportieren müssen. Das Krematorium befand sich hinter einem Friedhof zwischen Theresienstadt und Bauschowitz, etwa einen Kilometer von Theresienstadt entfernt. Am gleichen Tage habe ich mit Bergel (Lagerinspekteur, d. Verf.) über den Leichentransport gesprochen. Ich habe dann auch noch gesprächsweise erfahren, daß es sich hierbei um jüdische Kinder aus dem Warschauer Ghetto, die in der ›Kleinen Festung‹ von der SS erschossen worden sind, gehandelt habe.«[63]

Die ermittelnden Staatsanwälte erklärten sich die unterschiedliche Zahl der ermordeten kranken Kinder damit, daß jeweils zwei Kinder in einen Sarg gelegt wurden, wie ein Zeuge 1947 ausgesagt hatte. So kamen sie zu einer Zahl von mindestens 32 bis 36.

Aus einer Verfügung, die aus dem Ermittlungsverfahren gegen den Lagerinspekteur Karl Bergel stammt, geht hervor: »Die ›Kleine Festung‹ war außerhalb des Stadtbereiches von Theresienstadt, vom Lager Theresienstadt räumlich und organisatorisch völlig getrennt und unter der Verwaltung der SS als allgemeines Polizeigefängnis für die Bewohner des Protektorates Böhmen und Mähren eingerichtet. Der Fahrdienstleiter Vostrel hatte für die Überführung der Kinder in die ›Kleine Festung‹ und für den Rücktransport der Kisten, in denen die Leichen verwahrt waren, auf Anordnung des seinerzeitigen Lagerkommandanten Anton Burger ein Fahrzeug und einen Fahrer bereitgestellt. Plan und Ausführung der Tötung dieser Kinder war vermutlich das ausschließliche Werk des Lagerkommandanten Burger. Zur Durchführung bediente er sich der ihm an sich nicht unterstellten Wachmannschaften der ›Kleinen Festung‹.«[64] Weil im Prozeß gegen den Kommandanten der »Kleinen Festung«, Heinrich Jöckel, davon gesprochen worden war, daß Burger ihm Häftlinge zur Hinrichtung übergeben habe mit der Bemerkung, der BDS Prag, also Dr. Erwin Weinmann, habe die Erschießung angeordnet, wurde ein Ermittlungsverfahren von der Staatsanwaltschaft Würzburg gegen beide eingeleitet.

Ganz sicher auf das alleinige Konto des Lagerkommandanten Anton Burger ging ein »Zählappell« am 11. November 1943 im Bauschowitzer Kessel. Dort ließ Burger das gesamte Lager antreten: »Die SS ordnet für den 11. November die Zählung aller Häftlinge an. 40 000 Menschen werden früh am Morgen aus den Häusern getrieben, es ist feucht und kalt. Bis in die späten Abendstunden müssen sie nun, ohne Speise und Trank, im feinen Regen auf dem feuchten Gras stehen. Trotzdem gelingt es nicht, ihre genaue Zahl zu ermitteln. Das ganze Tal ist von Gendarmen, die mit Maschinengewehren bewaffnet sind, umstellt. Über dem Lager kreist ein Flugzeug. Im Dunkeln kommt es dann zu einer Panik. Niemand gibt den Befehl zur Rückkehr in die Gebäude. Mütter versuchen, ihre Kinder vor dem Erdrücktwerden zu schützen, alte Leute brechen vor Hunger und Müdigkeit zusammen, die Menschen stolpern hin und her und versuchen verzweifelt, wieder in das Lager zu gelangen, das sie so oft verflucht haben. Um Mitternacht ist der Talkessel endlich leer – bis auf die alten Menschen, die hilflos auf der Erde liegen bleiben müssen, bis sich jemand findet, der sie ins Lager zurückträgt. An die dreihundert Menschen sterben wegen dieser sinnlosen Zählung. Auch diesmal wurde die genaue Zahl der Häftlinge nicht ermittelt. In den folgenden Wochen wird die Zählung wiederholt, diesmal jedoch nur nach Lagerausweisen. Jener 11. November aber bleibt den Gefangenen Theresienstadts noch lange in Erinnerung.«[65]

Es war nun nicht so, daß die Häftlinge den Lagerkommandanten ständig sahen. Das war auch mit Burger nicht anders. Mitten in Theresienstadt war ein großer Park, den die Häftlinge nicht betreten durften. Deshalb war er mit einem hohen Bretterzaun umgeben. Dort waren die Gebäude der Kommandantur und der Verwaltung.

»Welche Räume das waren, das hat keiner so recht erfahren können. Es sei denn, man ist hineinbeordert worden. Sonst hat man keine Verbindung zu den Dienststellen gehabt. Nur die Judenältesten haben Rapport erstatten müssen, das waren die einzigen, die Zugang zur obersten Leitung hatten. Die oberste Leitung, das war der Kommandant und der Lagerinspektor. Zu denen wurden die Judenältesten befohlen. Für uns war das anders. Wenn die von der Kommandantur sich auf der Straße gezeigt haben, dann ging das im Ghetto wie ein Lauffeuer: ›Macht Platz, verkriecht euch, zeigt euch nicht!‹ Vielleicht war das von der Ghettowache so angeordnet. Die Gelegenheit, die hohen Herren zu sehen, die gab es nur sehr selten.«[66]

Die meisten Häftlinge hatten im Alltag also wenig mit Burger zu tun. Aber seinen Namen kannten sie alle: »Der Name Burger erinnert mich an den Lagerkommandanten von Theresienstadt, vor dem alle Angst hatten; denn er konnte alles im Ghetto, was Organisation wie auch die Transporte nach Auschwitz und anderswo betraf, durchführen.«[67]

Daß Burger Einfluß auf die Transporte in die Todeslager nahm, das wußten fast alle, lange bevor sie selbst nach Auschwitz deportiert wurden: »Burger war der Lagerkommandant während meiner Zeit im Ghetto Theresienstadt. (...) Meiner Meinung nach war er für die Transporte der Juden nach Auschwitz verantwortlich. Er verlangte vom Judenältesten soundsoviele Menschen zum Transport. Und der Rat mußte eine Liste für jeden Transport, der etwa tausend Menschen – Männer, Frauen und Kinder – enthielt, anfertigen. Kinder, die mit ihren Eltern im Ghetto waren. Im Ghetto Theresienstadt gab es aber auch viele Waisenkinder, deren Eltern entweder im Ghetto oder auch schon vorher gestorben waren. Auch diese wurden in die Vernichtungslager geschickt.«[68]

Es gab aber auch direkte Kontakte von Häftlingen zum Lagerkommandanten Burger. Eine Zeugin, die damals 21 Jahre alt war und als Schreibkraft im Büro des Judenältesten die Deportationslisten schreiben mußte, sagte 1971 in Kanada: »(...) wurde ich von einem SS-Mann namens Burger auf der Kommandantur vier Stunden lang verhört und mißhandelt. An den Vornamen und die genaue Funktion kann ich mich heute nicht mehr erinnern, bin jedoch sicher, daß er einen sehr hohen Rang hatte. (...) Mir ist im einzelnen nicht bekannt, an welchen Verbrechen Burger teilgenommen hat, aber es war die allgemeine Überzeugung in Theresienstadt, daß die Mißhandlungen und Deportationen von der Lagerkommandantur angeordnet waren.«[69]

Wer in den Transport eingereiht wurde, der wurde schließlich auch des Kommandanten Anton Burger ansichtig. Im Hof der Kommandantur wurden die Häftlinge in einer stundenlangen, quälenden Prozedur vorgeführt und ihre Nummern aufgerufen. Da war der Kommandant anwesend. Doch kaum einer der Häftlinge konnte später eine Personenbeschreibung Burgers liefern. Denn wer durfte ihn sich genau ansehen, wer hätte sich das getraut? Die Häftlinge hatten mit entblößtem, gesenktem Kopf an den SS-Leuten vorbeizugehen. Dem Kommandanten ins Gesicht zu blicken, wäre als Frechheit ausgelegt worden und hätte Mißhandlungen zur Folge gehabt.[70]

Täglichen Umgang hatten die Häftlinge dagegen mit Burgers Gehilfen, mit dem Lagerinspektor Karl Bergel, und vor allem mit seinem Stellvertreter, SS-Hauptscharführer Haindl, von dem die ehemalige Telefonistin sagt: »Burgers Gehilfe Haindl war sehr, sehr übel. Er kam aus ganz ärmlichen, kleinen Verhältnissen und hat sich dort schrecklich aufgespielt. Er war ein mieser, brutaler Teufel. Mit dem konnte Burger gut.«[71]

Und auch Sam und Inge Berger können sich an Haindl nur mit Schrecken erinnern: »Er war von großer Bosheit, der Haindl. Den kannte jeder, vor dem hat jeder Angst gehabt. Er hat sich gern versteckt gehalten und mit einem Fernglas die Häftlinge beobachtet. Wehe, es hat sich einer vor der Arbeit gedrückt! Wehe, es hat einer etwas Eßbares gefunden und von der Außenarbeit mit ins Ghetto gebracht! Dann ist es sehr häufig vorgekommen, daß Haindl zu dieser Person ging und gesagt hat: ›Du meldest dich.‹ Und man wußte, was das hieß: Derjenige war für den Transport vorgesehen, nach Auschwitz oder nach dem Osten. Man wußte auch, daß der Haindl sehr viele Spitzel gehabt hat.«[72]

Auch andere Häftlinge haben später ausgesagt, daß es unter dem Lagerkommandanten Burger mehr Spitzel gegeben hat als in der Zeit vor ihm und nach ihm.

Auch der Fahrdienstleiter Johann Vostrel, der angeblich nur die Lastwagen gestellt haben will, um die ermordeten Kinder aus der »Kleinen Festung« abzuholen, hat Angst verbreitet. Vor der Kommission zur Feststellung von Kriegsverbrechen beim Rat der Jüdischen Kultusgemeinden in Prag hat der ehemalige Kommandant der jüdischen Ghettowache ausgesagt, nicht nur der Lagerinspektor Bergel habe an den Hinrichtungen von Häftlingen Anfang 1942 in der »Kleinen Festung« teilgenommen, sondern auch Vostrel: »(...) Als sich der Leichnam auf dem Galgen noch bewegte, wurden fünf Schüsse auf ihn abgegeben. Es schossen teils Bergel, teils Vostrel. Im Jahre 1942 wurden nach dem Attentat auf Heydrich in Theresienstadt die Lagervorschriften über die Verdunkelung verschärft. Ich habe in der Nacht mit dem Leiter der jüdischen Selbstverwaltung, Edelstein, mit Dr. P. und H. sowie zwei Ghettowachleuten im Auftrage der Kommandantur die Verdunkelung der einzelnen Unterkünfte kontrolliert. Um Mitternacht begegneten wir Vostrel, der völlig betrunken war – er kam vermutlich aus der ›Kleinen Festung‹. Er brüllte uns an, drohte und schoß auf unsere Gruppe. (...) Ferner ist mir bekannt, daß Vostrel sich an der Abfertigung der Deportationsgruppen beteiligte, wobei er brutal, grob und rücksichtslos vorging, besonders gegen alte Männer und Kinder.«[73]

Vostrel selbst wollte in seiner Aussage wieder einmal nur Augenzeuge gewesen sein: »Bei der Abfertigung dieser Transporte waren jeweils immer alle Angehörigen des Kommandostabes einschließlich des Lagerkommandanten und des Lagerinspekteurs zugegen. Ich vermag mich mit völliger Sicherheit zu entsinnen, daß Bergel immer und bei allen nach Auschwitz abgehenden Transporten gemeinsam mit dem Kommandanten die Aufsicht bei der Verladung der Häftlinge in die Eisenbahnwaggons geführt hat.«[74] Vostrel kann wieder nur Erinnerungen an die Taten anderer beisteuern. Seine eigene Brutalität gegen Kinder und alte Leute bei der »Verladung« in die Waggons verschweigt er.

Das Bahngleis, von dem die Züge in die Todeslager fuhren, endete zunächst in Bauschowitz. Vostrels Aufgabe war es, »das Gepäck der Häftlinge und die Verpflegung« – was immer die SS darunter verstand – mit dem Lastwagen zum Gleis zu fahren. Erst später ist die Bahnlinie bis Theresienstadt hinein verlängert worden. Ob die große Zahl der ankommenden und abgehenden Transporte dies erforderlich gemacht hat oder ob die tschechische Bevölkerung in Bauschowitz zu viel davon gesehen hat, wie die Menschen aus dem Transport behandelt wurden, weiß man nicht. Die ehemalige Telefonistin aus Theresienstadt bestätigt die zweite Vermutung: »Das muß so schrecklich gewesen sein, wie die alten und kranken Leute regelrecht von den Tragen auf die Lastwagen geschmissen und abgeladen wurden, daß sich die tschechische Bevölkerung in Bauschowitz beschwert hat. Die Menschen, die einigermaßen laufen konnten, wurden ja zu Fuß nach Theresienstadt gebracht. Nein, sie wurden regelrecht nach Theresienstadt geschlagen und geprügelt. Und weil die tschechische Bevölkerung das nicht mehr hat sehen wollen, wurde die Bahnlinie bis Theresienstadt hinein gebaut. Einmal habe ich einen solchen Elendstransport auch gesehen, das war noch zu Seidls Zeit. Ich bin damals sehr gern geritten. (...) Also, bei einem Ausritt sah ich, wie ein Transport unterwegs war. Es ging durch ein Gehölz. Die Menschen konnten ja nicht austreten, und so durften sie dann ins Gehölz gehen. Da sah ich, wie eine alte Frau aus dem Gebüsch gezerrt und furchtbar geschlagen wurde. Ich bin näher herangeritten und habe geschrien: ›Aufhören, sofort aufhören!‹ Beim Seidl habe ich mich dann am Abend sehr aufgeregt darüber beschwert, wie diese Leute behandelt werden. Als Burger dann kam, wurde alles noch viel schlimmer. Er war ein Sadist.«[75]

Spätestens im Herbst 1943 war im Ausland bekannt, was in den Todeslagern geschah. Nun entschieden sich die Nazis zu einer gigantischen Täuschung. Sie boten dem Internationalen Roten Kreuz eine Inspektion des Lagers Theresienstadt an. Ein Vernichtungslager hat keine Kommission je zu sehen bekommen. Im Juli 1944 war die erste Kommission des Internationalen Roten Kreuzes in Theresienstadt. Die Vorbereitungen für diesen Besuch mußten sorgfältig geplant werden und erforderten Zeit. Zunächst einmal sollte Platz geschaffen werden, um die entsetzliche Enge zu beseitigen. Mit

Transporten nach Auschwitz wurde Platz geschaffen.[76] Vom 6. September bis zum 18. Dezember 1943 wurden aus Theresienstadt 10 067 Menschen deportiert, hinzu kam am 5. Oktober der Bialystoker Kindertransport. Insgesamt ließ Burger also innerhalb von weniger als vier Monaten 11 267 Menschen nach Auschwitz deportieren. Es überlebten aus diesen Transporten nur 765 Erwachsene, kein einziges Kind.

Aber auch in Theresienstadt starben die Menschen an Krankheiten, an Seuchen und vor allem aus Entkräftung. Im Prozeß gegen den ersten Lagerkommandanten Seidl sagte ein ehemaliger Gefangener aus: »Während in den ersten Monaten die Zahl der Toten verhältnismäßig gering war, stieg die Zahl der täglichen Todesopfer beginnend von Juni 1942 von Stunde zu Stunde und erreichte im November und Dezember 1943 bis zu 150 Tote täglich.«[77]

Im Frühjahr 1944 begann die SS, Theresienstadt für die Besuche des Internationalen Roten Kreuzes vorzubereiten. Es wurde alle Energie darauf verwendet, für die Kommissionen Potemkinsche Dörfer zu errichten. Es wurden Rasenflächen angelegt, ein Musikpavillon wurde eröffnet, in dem eine Kapelle von Häftlingen Konzerte gab, und ein Café eingerichtet, Theater- und Kabarettvorführungen fanden statt, und Fußballspiele wurden veranstaltet. Sogar ein Kinderpavillon, von Künstlern liebevoll ausgestattet, und reichlich Spielzeug gab es. Die Kinder durften diesen Pavillon selbstverständlich nicht betreten. Sie wurden in den Pavillon kommandiert, wenn eine Kommission kam, und dann hatten sie dort fröhliches Spiel vorzuführen.[78] Im Anschluß an einen Kommissionsbesuch ließ die SS im Sommer 1944 den Propagandafilm »Der Führer schenkt den Juden eine Stadt« drehen.

Das aber geschah zu einem Zeitpunkt, als Burger nicht mehr Lagerkommandant von Theresienstadt war, obwohl er die Vorarbeit geleistet hatte. In handschriftlichen Notizen, die er in den fünfziger Jahren angefertigt haben muß, heißt es: »Die vorgesehene Verschönerung des Hauptplatzes wurde (...) verzögert. Damit konnte erst nach dem Winter 1943/44 begonnen werden. Mein Nachfolger Rahm brauchte im Frühjahr 44 die ihm von mir fertig übergebenen Pläne dann nur noch zur Durchführung bringen.«

Im Februar 1944 hatte der Maschinenschlosser Karl Rahm aus Klosterneuburg den Posten des Lagerkommandanten angetreten. Burger wurde wieder ins Reichssicherheitshauptamt nach Berlin kommandiert.

Er selbst hat später in seiner Vernehmung im CIC-Lager Glasenbach behauptet, wieder einmal sei eine Intrige gegen ihn schuld an der Versetzung gewesen: Es sei in das Vorratslager von Theresienstadt eingebrochen worden, man habe eine große Menge Zigaretten gestohlen, und das sei ihm angelastet worden. Außerdem habe er einem Häftling erlaubt, einen Brief an seine Mutter zu schreiben. Das habe für ihn, Burger, die disziplinarische Folge der Versetzung nach Berlin gehabt. Das ist nun wirklich absurd. Ehemalige Häftlinge haben später in ihren Aussagen immer wieder bekräftigt, daß besonders Burger kleine Vergehen und Kontakte mit der Außenwelt besonders hart bestrafte. Nein, etwas anderes wird der wirkliche Grund gewesen sein.

Adolf Eichmann hat in seinem argentinischen Versteck einem holländischen ehemaligen SS-Mann namens Sassen Rede und Antwort gestanden, wobei sogar Eichmann sich auf Befehle beruft, »die mir gegeben wurden«. Bei diesen Gesprächen erinnert sich Eichmann an die Männer seines Sonderstabes: »Ich hatte zwei Gruppen. Der Brunner, der Burger, der Novak, die beiden Günthers, das waren Kerle, denen ich einen Befehl vorlas, der mir gegeben wurde. Dann war die Sache bereits vollzogen. Wislyceni, Krumey, Abromeit, Richter waren Leute, die ich erst überzeugen mußte oder versuchen mußte, sie zu überzeugen, die nicht alles hinnahmen, wie es befohlen war, die immer noch ein ›Wenn und Aber‹ hatten, was nicht nur mich, sondern auch meinen ständigen Vertreter Günther in Berlin zum Überdruß verstimmte.«[79]

Und weil Burger nach Ansicht seines Chefs Adolf Eichmann kein Zögerer und Zauderer war, dem Befehle erst erklärt werden mußten, war er für Eichmann der richtige Mann am richtigen Platz. Der richtige Mann, um die Juden aus Südgriechenland, von Athen und den Inseln nach Auschwitz in den Tod zu schicken. Der richtige Platz dafür war der Befehlshaber der Sicherheitspolizei und des SD in Athen. Dorthin wurde Anton Burger im März 1944 als Leiter des Referates IV B, des »Judenreferates«, geschickt. Eichmann im »Sassen«-Bericht: »Im Prinzip wurde ja eines überall erreicht, daß überall eine Konzentrierung (der Juden, d. Verf.) vorgenommen wurde. In vielen Fällen sträubten sich anfänglich die Regierungen, die Juden zur Evakuierung freizugeben, weil hier die landesüblichen Gesetze dagegen sprachen und erst neue Gesetze durchgepaukt werden mußten. Auch das war eine Aufgabe des jeweiligen Judenberaters, über seine örtlichen Vorgesetzten eine solche Sache vorzutragen bis zur endlichen Erreichung dieses Ziels, nämlich zur endgültigen Freigabe der Transporte.«[80] Zu Eichmanns Freude gab es aber auch Orte, bei denen solche Schwierigkeiten nicht auftauchten, da »ging es reibungslos und sang- und klanglos.« Ein solcher Ort war Athen im Frühjahr 1944. Auch schon vor Burgers Zeit hatte sich sein Vorgänger Dieter Wisliceny nicht zu beklagen brauchen. Er und Alois Brunner hatten bereits die Jahrtausende alte jüdische Gemeinde von Saloniki nach Auschwitz in den Tod geschickt, mehr als 40 000 Menschen in wenigen Monaten.

Eichmann braucht Burger als »Judenreferent« in Athen

Schon vor der Zeitwende hatten sich Juden in Saloniki angesiedelt. Im Mittelalter wuchs die Gemeinde durch die vertriebenen spanischen Juden. Nicht allein die Größe der jüdischen Gemeinde, sondern auch ihr reiches religiöses und kulturelles Leben hatte der Stadt den Beinamen »Klein-Jerusalem« verliehen. Die »Katholischen Majestäten« Isabella von Kastilien und Ferdinand von Aragon hatten in der Reconquista in Spanien 1492 die Juden brutal verfolgt. Wer sich nicht zwangstaufen ließ, war des Todes, wenn er nicht rechtzeitig das Land verlassen konnte. Ein großer Teil derjenigen Juden, die flüchten konnten, ließen sich in Saloniki nieder.

Bis zu ihrer Vernichtung durch die Deutschen im Jahre 1943 sprachen die meisten Juden von Saloniki Ladino. Das war die Sprache, die sie aus Spanien mitgebracht hatten: Altkastilisch, versetzt mit hebräischen Worten und Begriffen aus den Sprachen der Völker, mit denen sie gelebt hatten. Ladino oder auch »Judeo-Spanisch« verhält sich zum Spanischen wie etwa das Jiddische zum Deutschen. Auch Jiddisch entstand aus dem Mittelhochdeutschen und hat sich mit hebräischen, polnischen, russischen Begriffen zu einer eigenen Sprache entwickelt.

Die aus Spanien geflüchteten Juden werden »Sfaradim« genannt, »Spanier«. Die Bevölkerung von Saloniki bestand zu Beginn dieses Jahrhunderts annähernd zur Hälfte aus Sfaradim.[81] Im Jahre 1940 hatte eine Volkszählung ergeben, daß 67 600 Juden in Griechenland lebten, etwa 2000 lebten darüber hinaus im Dodekanes, der zu jener Zeit unter italienischer Verwaltung stand. In Saloniki haben zum Zeitpunkt der deutschen Besetzung etwa 50 000 Juden gelebt.[82]

Bis zur Kapitulation Italiens im Juli 1943 bestand die Verwaltung der deutschen Besatzung in Griechenland aus dem Wehrmachtsbefehlshaber der Heeresgruppe E, dem ihm unterstellten »Befehlshaber Saloniki-Ägäis« und dem »Befehlshaber Süd-Griechenland«. Der Bevollmächtigte des Reiches war bis zum Herbst 1943 Dr. Günther Altenburg und danach – also zu Burgers Zeit – Dr. von Graevenitz. Die Bevollmächtigten gehörten zum Reichsaußenministerium.

Im Februar 1943 schickte Eichmann zwei Männer seines Sonderstabes nach Saloniki: Alois Brunner und Dieter Wisliceny. Mit ihnen gingen vier andere SS-Leute aus Eichmanns alten Tagen in Wien mit nach Saloniki: Herbert Gerbing, Anton Zita, Ernst Brückler, Alfred Slavik. Aus Bratislava, wo Wisliceny vorher Judenreferent war, brachte er Takasch und Schefczig mit.[83]

Bei seiner späteren Vernehmung in Wien sagte Slavik zur Arbeitsteilung zwischen Brunner und Wisliceny: »Er (Wisliceny, d. Verf.) führte nur den Schriftverkehr und die Verhandlungen mit den einzelnen Dienststellen, während Hauptsturmführer Brunner mit seinen Leuten die eigentliche Zusammenführung der Juden und die Organisation der Transporte überhatte.«[84]

Unverzüglich ging die Gruppe ans Werk. Bereits am 6. Februar erging eine schriftliche Anweisung des »Befehlshabers Saloniki-Ägäis«, Abteilung Militärverwaltung, an die Jüdische Kultusgemeinde Saloniki: »Kraft der dem Befehlshaber Saloniki-Ägäis verliehenen Rechtsbefugnis wird folgendes angeordnet: 1. Alle in Saloniki ansässigen Juden – ausgenommen diejenigen ausländischen Staatsangehörigen, die sich durch einen gültigen Paß als solche ausweisen können – sind sofort als Juden zu kennzeichnen. In gleicher Weise sind ihre Geschäfte, Büroräume usw. zu kennzeichnen; dabei hat diese Kennzeichnung durch deutlich sichtbare Schilder in deutscher und griechischer Sprache zu erfolgen. 2. Alle in Saloniki ansässigen Juden – Ausnahmen wie oben – haben sofort in einen besonderen Stadtteil zusammenzuziehen. 3. Die Kosten, die durch die Maßnahmen zu 1. und 2. entstehen, hat in erster Linie der betroffene Jude selbst zu tragen. Ist er hierzu nicht in der Lage, so haftet für die entstehenden Kosten die Jüdische Gemeinde solidarisch. 4. Die Durchführung der zu 1. und 2. angeordneten Maßnahmen wird der Außenstelle Saloniki des SD übertragen, der auch alle noch im einzelnen erforderlichen Anordnungen – Art der Kennzeichnung, Anweisung der zu 2. genannten Stadtteile – treffen wird. Die Durchführung der vorstehenden Befehle hat die Jüdische Kultusgemeinde der unterzeichneten Dienststelle bis zum 25. Februar 1943 zu melden.«[85]

Unterzeichnet hatte Dr. Max Merten. Er war Kriegsverwaltungsrat beim Befehlshaber Saloniki-Ägäis. Merten, später Rechtsanwalt in der BRD, war bei einem Griechenlandurlaub Ende der fünfziger Jahre verhaftet und 1959 in Athen wegen seiner Beteiligung an der Deportation und Ermordung der Juden von Saloniki zu 25 Jahren Haft verurteilt worden. Abgesessen von dieser Strafe hat Merten fast nichts: Noch im selben Jahr wurde er in die Bundesrepublik abgeschoben.

Entgegen seiner späteren Behauptung, er habe Einwände gegen die Deportation der Juden aus Saloniki gehabt, hat er bei den ersten Gesprächen mit Wisliceny diese Bedenken nicht geäußert. Im Gegenteil. Als Wisliceny und Brunner bei Schönberg, dem Generalkonsul von Saloniki und Vertreter Altenburgs, sowie dem örtlichen Chef der Sicherheitspolizei und des SD, Kriminalkommissar Paschleben, erschienen, nahm Merten an diesem Gespräch teil, bat aber lediglich, bei der Deportation »zunächst« 3000 Juden zurückzulassen, die für Bauarbeiten an Bahnstrecken benötigt wurden.[86] Eine unmittelbare Folge dieses Gespräches war Mertens Anweisung an die Jüdische Gemeinde. Es war dann Wisliceny, der dem

Befehl Mertens zur Kennzeichnung der Juden und zu ihrem Umzug in Ghettos Einzelheiten zufügte. Am 12. Februar teilte er dem Oberhaupt der Gemeinde von Saloniki, Rabbiner Dr. Zwi Koretz, Größe und Art des Davidsterns mit, den die Juden unverzüglich zu tragen hatten.[87] Die Kennzeichnung der jüdischen Geschäfte hatte vor allem eines zur Folge: »Auf jedes jüdische Geschäft mußte ein Schild ersichtlich angebracht werden. Sowohl in griechischer als auch in deutscher Sprache: ›Jüdisches Geschäft‹. Und jeder Soldat konnte ins Geschäft kommen, er konnte nehmen, was er wollte, ohne daß man dazu etwas sagen konnte und ohne daß er dafür zahlte.«[88]

Rabbiner Koretz war ein schwacher Mann. Der SD hatte ihn zum Oberhaupt der Gemeinde bestimmt, und die Juden Salonikis gingen zunächst bei diesem in Wien ausgebildeten Mann davon aus, daß es nicht schaden könne, wenn ihr Vorsteher die deutsche Sprache beherrsche und so mit den Deutschen direkt verhandeln könne. Diese Annahme erwies sich als ein folgenschwerer Trugschluß. Noch heute sagt ein Überlebender aus Saloniki: »Koretz war ein Mörder, ein Verbrecher. Sein Name soll ausgelöscht sein. Er hat uns ohne Not ausgeliefert.«[89] Und der ehemalige Sekretär der Gemeinde von Saloniki hat später vor der israelischen Polizei ausgesagt: »Um uns zu beruhigen und die Gemüter still zu machen, pflegte der Rabbiner Koretz uns stets zu trösten und zu sagen, man müsse glauben und es nicht zulassen, daß die Angst uns beherrsche. Wir hatten den Eindruck, daß er die Reden der Deutschen wie ein Automat wiederholte. Dem Rabbiner Koretz wurde befohlen, stets in der Gemeinde beim Fernsprecher sich aufzuhalten, um die Befehle der Deutschen entgegenzunehmen.«[90]

Die Befehle kamen Schlag auf Schlag. Das Ghetto von Saloniki wurde auf mehrere, untereinander völlig isolierte Viertel verteilt. Die Juden durften das ihnen zugeteilte Viertel nicht verlassen. Telefone durften sie nicht mehr haben, öffentliche Fernsprecher nicht mehr benutzen.

Außerdem war ihnen die Benutzung von Straßenbahnen, Bussen und Taxis untersagt.[91] Es wurden zwei größere Ghettos eingerichtet und, für die ärmeren Juden, das »Baron-de-Hirsch-Ghetto« in der Nähe des Bahnhofs. Am 25. Februar 1943 waren, wie von Merten angeordnet und von Wisliceny, Brunner und ihren Helfershelfern überwacht, alle Befehle ausgeführt: Die Juden von Saloniki waren durch einen gelben Stern gekennzeichnet, sie waren registriert, sie waren in den Ghettos zusammengetrieben worden. Auf Anordnung Brunners war eine »jüdische Ordnertruppe« von 250 jungen Männern aufgestellt worden, von denen etliche zuvor Offiziere und Unteroffiziere der griechischen Armee gewesen waren. Dem Auswärtigen Amt in Berlin konnte Generalkonsul Schönberg bereits am 26. Februar mitteilen, daß die ersten Befehle ausgeführt seien, und die sichere Erwartung äußern, daß »eine Verschärfung der Maßnahmen gegen die hiesigen Juden zu erwarten« sei.[92]

Diese Erwartung war berechtigt: Merten hatte Rabbiner Koretz zu sich bestellt und ihm eröffnet, das Baron-de-Hirsch-Viertel müsse geräumt werden, weil die Sicherheit der Besatzungstruppen durch eine beträchtliche Anzahl von Kommunisten bedroht sei. Sorgen solle man sich aber nicht machen: die Juden aus dem Baron-de-Hirsch-Viertel würden in die polnische Stadt Krakau gebracht. Dort werde ein jeder Arbeit finden, die Jüdische Gemeinde Krakau werde alle mit offenen Armen aufnehmen und ihnen bei der Eingewöhnung helfen. Es wurde sogar polnisches Papiergeld ausgegeben.[93]

Am 15. März 1943 begannen die Transporte. Am Vormittag des 14. März waren auf dem Bahngleis vierzig Viehwaggons bereitgestellt. In seiner Vernehmung im Nürnberger Militär-Tribunal hat Wisliceny beschrieben, was vorausgegangen war: »Im Anfang März kam dann, nachdem diese Konzentrierung (der Juden in Ghettos, d. Verf.) durchgeführt war, ein Fernschreiben von Eichmann an Brunner, das die sofortige Abtransportierung aller in

Saloniki und Mazedonien befindlichen Juden nach Auschwitz befahl. Mit diesem Befehl sind Brunner und ich zur Militärverwaltung gegangen; von seiten der Militärverwaltung wurden keinerlei Ausstände gemacht, und die Maßnahmen wurden vorbereitet und durchgeführt. Brunner selbst hat die ganze Aktion in Saloniki geleitet. Die Zugsgarnituren, die zum Abtransport notwendig waren, wurden bei der Truppenkommandantur der Wehrmacht angefordert. Brunner brauchte lediglich anzugeben, wie viele Waggons und zu welchem Zeitpunkt er die Waggons benötigte.«[94] Und auf die Frage nach dem Bestimmungsort und was nach Wislicenys Kenntnis mit den Juden geschah, bekräftigte er, daß »in allen Fällen« die Transporte nach Auschwitz gingen und die Juden »ausnahmslos der Endlösung zugeführt« wurden. Wisliceny führte dann noch aus, was er unter »Endlösung« verstand: »(...) daß sie also biologisch vernichtet wurden. Soviel ich aus Gesprächen mit Eichmann entnommen habe, geschah diese Vernichtung in Gaskammern. Die Körper wurden anschließend in Krematorien verbrannt.«[95]

»Die Juden wurden aus dem Wohnviertel herausgebracht und in die Waggons hineingestoßen. Die Vertreibung wurde plötzlich durchgeführt, und die Leute konnten nichts mitnehmen. Es erreichte uns ein Gerücht, daß außer den SD-Leuten auch Merten gekommen sei, um auf den Transport aufzupassen. Die Türen des ersten Eisenbahnwaggons waren hermetisch geschlossen. Auf Bitten von Dr. Koretz ließ man in den anderen Waggons Spalten, damit die Leute wenigstens atmen konnten.«[96]

Die gesamte Bevölkerung des Baron-de-Hirsch-Viertels, etwa 2300 Menschen, wurden in die Waggons nach Auschwitz getrieben. Wenige Stunden später begannen die Vorbereitungen für den nächsten Transport. In den beiden anderen Ghettos trieben die Deutschen Juden zusammen, brachten sie ins nun leergeräumte Baron-de-Hirsch-Viertel und deportierten sie von dort. Innerhalb von knapp vier Monaten wurde auf diese Weise die gesamte jüdische Bevölkerung Salonikis, rund 46 000 Menschen, deportiert, die meisten nach Auschwitz, wo sie bis auf sehr wenige, die man für Zwangsarbeit und medizinische Versuche auswählte, unverzüglich in die Gaskammern getrieben wurden. Der letzte Transport aus Saloniki kam am 18. August 1943 in Auschwitz an. Fünf Tage zuvor war ein kleiner Transport mit 441 »Prominenten« aus Saloniki, zu denen auch der Rabbiner Zwi Koretz mit seiner Familie gehörte, in Bergen-Belsen eingetroffen. Die jüdische Gemeinde von Saloniki existierte nicht mehr.

Anders als die Juden in Saloniki, die vorwiegend in jüdischen Vierteln gewohnt hatten, lebte die übrige jüdische Bevölkerung von Griechenland inmitten der griechischen Bevölkerung. Sie sprach griechisch und nicht ladino.

Die Italiener, die einen großen Teil Süd-Griechenlands und der Inseln besetzt hielten, waren zum Ärger der Deutschen nicht bereit, die in der italienischen Zone lebenden Juden an die Deutschen auszuliefern, der »Evakuierung« zuzustimmen, sie also in den Tod zu schicken. Die italienische Regierung hatte dem deutschen Botschafter in Rom, Hans-Georg von Mackensen, mitgeteilt, sie wolle »ihre« Juden entweder auf die Ionischen Inseln bringen oder nach Italien selbst übernehmen.[97]

Ende Juli 1943 wurde der »Duce« Benito Mussolini durch Marschall Pietro Badoglio abgelöst. Am 8. September 1943 kündigte Italien die Waffenbrüderschaft mit den Deutschen auf, es verließ das Bündnis der Achsenmächte. Die Wehrmacht reagierte sofort. Sie besetzte sämtliche italienischen Garnisonen im Mittelmeerraum und entwaffnete die bis dahin Verbündeten. Ganz Griechenland, Albanien, Montenegro und der Dodekanes waren nun durch die Deutschen besetzt. Etwa 16 000 Juden lebten noch in diesen Gebieten.

Für das neue Territorium ernannten die Deutschen

einen Sonderbevollmächtigten des Auswärtigen Amtes, den Gesandten Hermann Neubacher, und einen höheren SS- und Polizeiführer. Das war zunächst im Sommer 1943 der gefürchtete Jürgen Stroop, der im April 1943 den Aufstand der Juden im Warschauer Ghetto niedergeschlagen und danach dem Reichsführer SS stolz gemeldet hatte: »Es gibt keinen jüdischen Wohnbezirk in Warschau mehr.« Stroop war nur kurz in Athen, dann wurde als Höherer SS- und Polizeiführer der österreichische SS-Gruppenführer Walter Schimana nach Athen geschickt. Er wurde dem »Militärbefehlshaber Griechenland« zugeordnet. Das neue Gebiet der deutschen Besatzung unterstand nach wie vor dem Kommando der Heeresgruppe E unter Alexander Löhr.

Der Höhere SS- und Polizeiführer und die SS-Leute des SD hatten sich über mangelnde Zusammenarbeit mit der Wehrmacht und ihren Dienststellen nirgendwo beklagen müssen. In Saloniki war Kriegsverwaltungsrat Merten als Vertreter des Militärbefehlshabers außerordentlich kooperativ und hilfsbereit gewesen, als die Liquidierung der jüdischen Gemeinde von Saloniki in Angriff genommen wurde. In Athen und auf den Inseln half die Wehrmacht ebenfalls kräftig mit, zum Teil brauchte sie den Befehlshaber der Sicherheitspolizei und den SD nicht, um die Juden zusammenzutreiben und sie der SS zu übergeben. Da traf ab März 1944 auch Anton Burger auf keine nennenswerte Abneigung. Auf Widerstand von seiten der deutschen Soldateska schon gar nicht.

Jürgen Stroop hatte am 8. Oktober 1943 die Anweisung erlassen, daß sich die Juden im neuen deutschbesetzten Teil Griechenlands registrieren lassen mußten. In Athen sollte das in der Jüdischen Gemeinde geschehen, in den kleineren Orten und auf den Inseln bei der griechischen Zivilverwaltung. In Athen ging Stroop von 8000 Juden aus. Tatsächlich lebten zu jener Zeit in Athen etwa 3500 Juden, aber nur 1200 meldeten sich bei der Jüdischen Gemeinde. Die mangelnde Bereitschaft der Juden, sich durch diese Registrierung auszuliefern, hatte eine Strafe zur Folge: General der Flieger Speidel erließ als Militärbefehlshaber für ganz Griechenland – im Einvernehmen mit dem deutschen Gesandten Neubacher – den Befehl, das jüdische Vermögen zu beschlagnahmen und es dem griechischen Staat auszuhändigen.[98] Diese Praxis war bereits in Saloniki erfolgreich und sollte es später auf den Inseln auch sein: Jeder etwaige Widerstand von seiten der griechischen Behörden wurde so im Keim erstickt. Nun hatte die griechische Marionettenregierung unter dem Premier Georgios Rhallis sowieso keine Ansätze von Widerstand gegen die Behandlung der jüdisch-griechischen Staatsbürger erkennen lassen. Koretz – als er endlich begriffen hatte, daß die Deutschen ihren Plan zur Vernichtung der Juden Salonikis verwirklichten und seine Beschwichtigungsversuche nur Elend über seine Landsleute gebracht hatten – gelang es einmal, durch die Vermittlung des Metropoliten von Saloniki, mit Premier Rhallis zu sprechen. Er flehte ihn unter Tränen an, die Juden von Saloniki zu retten. Der Premier erwiderte, er könne in dieser Angelegenheit nichts tun.[99]

Als die Juden von Saloniki nicht mehr lebten, der Okkupationsbereich der Deutschen sich gewaltig vergrößert hatte und das Reichssicherheitshauptamt nun die Deportation der Juden aus dem übrigen Griechenland vorantreiben wollte, hatte Wisliceny im September 1943 vergeblich versucht, die Jüdische Gemeinde von Athen zur Zusammenarbeit mit der SS zu zwingen, wie es in Saloniki so unproblematisch geklappt hatte. Er hatte Rabbi Elias Barsilai vorgeladen und eine Aufstellung aller in Athen lebenden Juden sowie eine Liste der aus Nordgriechenland nach Athen Geflüchteten verlangt. Außerdem befahl er Barsilai, einen »Ältestenrat« zu benennen und das Vermögen der Gemeinde von Athen zu beziffern. Der Rabbiner wich aus. Angeblich konnte die Gemeinde aus Personalmangel und wegen fehlender Unterlagen für den SD diese Listen nicht erstellen. Als Wisliceny drohte, besprach sich der Rabbiner mit anderen Angehörigen der Gemeinde und Vertretern der linksgerichteten Untergrundorganisation EAM-ELAS. Die Partisanen und die Leitung der Gemeinde vereinbarten, daß die Untergrundorganisation falsche Papiere ausstellen sowie geflüchtete Juden aufnehmen und ihnen Schutz gewähren sollte. Dafür übergab Barsilai das Vermögen der Gemeinde an die EAM-ELAS, etwa acht Millionen Drachmen. Danach flüchtete Barsilai, ausgestattet mit falschen Papieren, mit seiner Familie nach Eleusis, wo er sich bis zur Befreiung verstecken konnte.[100]

Nachdem Stroop im Oktober 1943 den Registrierungsbefehl erlassen hatte, mußten sich die Juden in Athen wöchentlich mit ihren Ausweisen bei der Synagoge melden. Die Juden außerhalb Athens lebten verstreut über das ganze Land und die Inseln. Für ihre Verschleppung mußten also Transportmöglichkeiten erkundet und vor allem Wachpersonal bereitgestellt werden. Im März 1944 befahl das Reichssicherheitshauptamt eine »schlagartige« Verhaftungsaktion, an der sich die SS, die Polizei und die Wehrmacht sowie griechische Polizisten beteiligen sollten.[101] Die Aktion sollte innerhalb von drei Tagen, zwischen dem 23. und 25. März 1944, stattfinden.

Dieter Wisliceny war nicht mehr da, er war nach Budapest in Marsch gesetzt worden. Der neue Mann, Leiter des Referates IV b 4 beim Befehlshaber der Sicherheitspolizei und des SD Athen, war Anton Burger.

Der griechische Dolmetscher beim Referat IV b 4, Constantin Rekanatis, der nach dem Kriege in Athen wegen Kollaboration zum Tode verurteilt, zu lebenslanger Haft begnadigt und schließlich nach einigen Jahren entlassen worden war, lebte in den sechziger Jahren in der Bundesrepublik. Er sagte später vor einer Sonderkommission der Zentralen Stelle Ludwigsburg aus: »Meine Aufgabe war es, Slaving (gemeint ist Alfred Slavik, d. Verf.) jeden Freitagabend in Athen zur jüdischen Gemeinde zu begleiten. Alle männlichen Juden zwischen 17 und 70 mußten sich dort zum Appell einfinden, und entsprechende Personenverzeichnisse dienten dazu, die Anwesenheit der Juden nachzuprüfen. Nach etwa sechs Wochen rief mich Vincizeli (gemeint ist Wisliceny, d. Verf.) zu sich und sagte mir, seine Dienststelle würde jetzt nach Budapest verlegt. Dafür komme der Hauptsturmführer Toni Burger nach Athen. Burgers Familie lebte damals in Brünn. Unter Burger arbeiteten auf jener Dienststelle noch der SS-Untersturmführer Fritz Linnemann, Kriminalbeamter aus Bremen, Hans Grunbach, SD-Unterscharführer aus Köln und Hans Zelle, Unterscharführer aus Danzig. Außer mir war noch mein Vetter S. R. als Dolmetscher dort tätig. Die ganze Abteilung nannte sich ›Judenabteilung IV B‹. Es wurden dort 375 V-Männer geführt.«[102]

Friedrich Linnemann war in Athen der engste Mitarbeiter Burgers. In Bremen hatte er sich Meriten erworben bei der Bremer Gestapo. Als es in Bremen 1942 keine Juden mehr gab, die deportiert werden konnten – der letzte Transport mit Bremer Juden ging Mitte 1942 nach Theresienstadt –, wurde Linnemann im Sommer 1943 zum BdS Athen versetzt. Der Dolmetscher Rekanatis jedoch lobte ihn. Linnemann habe ihm, dem Dolmetscher, am 22. März 1944 in einem Café vertraulich erzählt, daß es am nächsten Tag, dem 23. März, »dasselbe gebe wie in Saloniki«: »Linnemann gab mir diesen Hinweis, damit ich Gelegenheit haben sollte, persönliche Bekannte aus der jüdischen Gemeinde Athens noch vertraulich zu warnen, damit sie verschwinden konnten. Von dieser Gelegenheit habe ich nach Kräften Gebrauch gemacht, und allein 33 der so Geretteten sind in meinem Prozeß als Zeugen für mich aufgetreten.«[103]

Natürlich hat sich auch Friedrich Linnemann in den verschiedenen Strafverfahren, die gegen ihn eingeleitet, aber nicht beendet wurden, der Rettung von Juden gerühmt.

Am Freitag, dem 23. März 1944, startete die »schlagartige Aktion«. In Athen begann sie damit, daß Anton Burger gemeinsam mit seinem Dolmetscher beim Präsidenten der Jüdischen Gemeinde in Athen, Isaak Kapeli, erschien. Rekanatis: »(...) hatte ich zu sagen, daß Deutschland den griechischen Juden wegen ihrer anglophilen Einstellung mit Mißtrauen begegne und daß sie deshalb zum Arbeiten nach Deutschland gebracht werden sollten. Sie sollten sich keine Sorgen machen, es geschehe ihnen nichts. Bei Kriegsende würden sie wieder nach Hause entlassen. Zwanzig Juden im Alter zwischen zwanzig und dreißig Jahren erhielten weiße Armbinden und den Auftrag, innerhalb von fünf Stunden alle Frauen und Kinder zum Appellplatz zu bringen. Burger und ich kehrten zur Dienststelle zurück, und ich mußte den griechischen Polizeidirektor von Athen und den Gendarmeriekommandanten antelefonieren. Beide sollten sofort zur Abteilung IV B kommen. Sie erhielten (dort) die Karteikarten sämtlicher Juden und die Weisung, bis abends 22 Uhr alle Juden – Männer, Frauen und Kinder – auf den Appellplatz an der Synagoge schaffen zu lassen. Um diese Zeit waren dann auch tatsächlich alle Juden aus Athen, insgesamt etwa 1700 Personen, zerniert. Sie wurden mit LKW zu dem Gefängnis Haidaris, etwa fünf Kilometer von Athen entfernt, gebracht. Sie blieben dort zehn bis fünfzehn Tage. Polizeikräfte aus Berlin (ich habe nur einen davon gesehen, als er auf der Abteilung IV B die Papiere abholte, er trug einen kaffeebraunen Mantel mit etwas dunklerem Kragen) übernahmen dann den Bahntransport dieser Juden nach Deutschland. Von Grunbach und Linnemann hörte ich, daß ein Teil des Transports nach Dachau (?) und ein anderer nach Auschwitz ging.«[104]

Ein damals 16jähriges Mädchen hat 1965 vor der israelischen Polizei auf Ersuchen der Staatsanwaltschaft Bremen folgendes zum Tag ihrer Verhaftung ausgesagt: »Am 24. 3. 1944 in der Früh verließ meine Mutter unser Haus, um sich an diesem Meldetag in der Synagoge zu melden. Als sie nach zwei oder drei Stunden nicht zurückkehrte, ging ich in Richtung der Synagoge und sah schon von weitem, daß diese von uniformierten Deutschen umzingelt war. Von den in den Gassen Herumstehenden erfuhr ich, daß alle Juden, die sich zur Meldung einstellten, von den Deutschen verhaftet wurden. Ich kehrte zurück, nahm meine kleinen Geschwister und versteckte mich mit einer jüdischen Familie an der Peripherie der Stadt. Als ich am nächsten Tag unsere Wohnung besuchte, um noch Kleidung und Wertsachen zu holen, wurde ich auf dem Rückweg verhaftet, in die Synagoge gebracht, wo man im Laufe des Tages noch mehrere Juden herbrachte. Noch am selben Tag wurden wir aus der Synagoge auf Lastautos in das Lager Haidaris gebracht, wo ich meine Mutter wiederfand mit allen Juden, die mit ihr am Vortage in der Synagoge verhaftet worden waren. Einige Tage später wurde ich und meine Mutter mit einem Transport von etwa tausend Juden auf Viehwaggons nach Birkenau deportiert.«[105]

Und ein anderer Athener Jude, damals 31 Jahre alt: »Am 24. 3. 1944 kam ich in der Früh zur üblichen Meldung, bei der gewöhnlich die Ausweise abgestempelt wurden. An diesem Morgen gab man uns die Ausweise nicht zurück und befahl uns zu warten. Dieses Benehmen kam mir verdächtig vor, und ich versuchte zu flüchten. Erst jetzt bemerkte ich, daß die Synagoge und der nahe Häuserkomplex von uniformierten Deutschen, an die Einheit kann ich mich nicht mehr erinnern, umzingelt war. Wir wurden an Ort und Stelle von denselben Deutschen verhaftet. Am selben Tag und in der nächsten Früh wurden noch weitere Juden und die Familienangehörigen der Verhafteten, Frauen und Kinder, nach Haidaris gebracht.«[106]

Und schließlich ein Familienvater aus Athen, dem die Flucht gelungen war: »(...) Am 24. 3. 1944, es war solch ein Meldetag, schickte ich meinen Sohn Isaak zur üblichen Meldung. Ich selbst besuchte zur selben Stunde meinen Sohn Herzel, der im staatlichen Krankenhaus mit Bauchfellentzündung lag. Und als ich eine halbe

Stunde später zurück kam, um mich selbst zu melden, sah ich bereits in kurzer Entfernung von der Synagoge eine große Menschenmenge. Die Synagoge und die nächststehenden Häuser waren von Militär und SS-Truppen umzingelt. Da ich das Schlimmste fürchtete, kehrte ich sofort in meine Wohnung zurück, nahm meine Frau mit Sohn und Tochter, und wir versteckten uns in einem Vorort Athens zuerst in einem Pferdestall und später in Bombardierungsruinen. So lebten wir hungernd und frierend auf unmenschliche Weise bis Oktober 1944, als wir von den Alliierten befreit wurden.«[107] Auch er hat später erfahren müssen, daß man seinen Sohn Isaak, wie alle anderen Juden, über Haidari »wie Sardinen in Viehwaggons eingepfercht«[108] nach Auschwitz deportierte, wo Isaak ermordet wurde.

Eine Zeugin hat später ausgesagt, daß sich unter den Verhafteten eine alte Frau, die Witwe Josephina S., befand. Dr. Walter Blume, der Athener Befehlshaber der Sicherheitspolizei und des SD, und der SS-Untersturmführer Friedrich Linnemann aus Bremen haben, so sagte die Zeugin, die bei der Verhaftung dabei war, die alte Frau geschlagen. Sie sollte Verstecke von Juden preisgeben und mitteilen, wo sich Geld und Wertsachen befänden. Josephina S. hat sich im Konzentrationslager Haidari, wo die verhafteten Athener Juden bis zu ihrer Deportation gefangen waren, das Leben genommen: sie öffnete sich die Pulsadern.[109]

Am 2. April 1944, einem Sonntag, verließen ungefähr 1900 Männer, Frauen und Kinder, in Viehwaggons eingepfercht, Athen. Mit den etwa 1300 Athener Juden wurden auch all jene deportiert, die seit dem 25. März an verschiedenen Orten der griechischen Westküste zusammengetrieben und ebenfalls in das Konzentrationslager Haidari gebracht worden waren. In Larisa hängte man dem Zug weitere Waggons mit 2400 Juden an, die in Wolo, in Trikkala und vor allem in Joannina verhaftet worden waren.

Burger deportiert die griechischen Juden und erschießt Jusepe Skuze

In Joannina, einer Stadt im Epirus, lebten etwa 1800 jüdische Einwohner. Für die »schlagartige« Verhaftung, die das Reichssicherheitshauptamt für die Juden Griechenlands am 25. März 1944 vorgesehen hatte, standen in Joannina vor allem Wehrmachtsangehörige zur Verfügung. Der BdS Athen, Dr. Walter Blume, und der »Judenreferent« Anton Burger hatten bei der Heeresgruppe E Lastwagen und Begleitmannschaften »zum Abtransport der restlichen Juden« angefordert. Der Stab der Heeresgruppe hatte keine Einwände: »Mit Gestellung von Kraftfahrzeugen und Begleitmannschaften durch 4. SS-Pol. Pz. Gren. Div. für dortige Zwecke grundsätzlich einverstanden. Erbitte Mitteilung über Umfang und Dauer der erforderlichen Abstellung, damit Erforderliches von hier befohlen werden kann.«[110]

Zwei Tage nach der Verhaftung der Juden von Joannina berichteten der Unteroffizier Hans Grebmayer und der Feldwebel Zein von der Geheimen Feldpolizei 621: »Am 25. 3. 1944 wurden unter der Leitung des Majors der Ordnungspolizei Hafranek, unter Mitwirkung der Truppe, Feldgendarmerie, Ordnungspolizei und GFP 621 (Außenstellen Joannina) die Juden evakuiert. Auch die griechische Polizei wurde zur Mitarbeit herangezogen.«[111]

Um drei Uhr morgens wurden die Ghettos durch die »mitwirkenden« und »herangezogenen« SS-, Wehrmachts- und Polizeiverbände abgesperrt. Um fünf Uhr wurde dem Vorsitzenden der Jüdischen Gemeinde von Joannina mitgeteilt, daß sich alle Juden Joanninas – Männer, Frauen und Kinder – an zwei Sammelplätzen einzufinden hätten. Jede Familie dürfe 50 Kilogramm Gepäck mitnehmen.

Wer sich bis acht Uhr an den Sammelstellen nicht eingefunden habe, werde aufgespürt und an Ort und Stelle erschossen. Um Viertel vor acht waren die jüdischen Viertel »geräumt«. Um acht Uhr begann die Verladung der Menschen auf die von der Heeresgruppe E bereitgestellten 80 Lastwagen, um zehn Uhr war sie beendet. Fast alle Juden Joanninas, insgesamt 1725, wurden über Trikkala nach Haidari gebracht und von dort mit dem Zug nach Auschwitz deportiert.

Unteroffizier Grebmayer – der in den Dokumenten fälschlicherweise als »Bergmayer« bezeichnet wird, was an seiner handschriftlichen Unterzeichnung gelegen haben mag – und Feldwebel Zein faßten voller Stolz ihren Bericht ab: »Die Aktion muß als vollständig geglückt bezeichnet werden, da 95 Prozent der erfaßten Juden abtransportiert werden konnten. Die Zusammenarbeit der daran beteiligten Dienststellen, auch der gr. Polizei, war vorbildlich.

Die griechische Bevölkerung, die inzwischen von der Aktion Kenntnis erhalten hatte, sammelte sich an den Straßen der Stadt. Mit stiller Freude, wie man ihren Gesichtern ablesen konnte, verfolgten sie den Auszug der Hebräer aus ihrer Stadt. Nur in ganz seltenen Fällen ließ sich ein Grieche herbei, einem jüdischen Rassegenossen Lebewohl zu winken. Man konnte klar erkennen, daß diese Rasse bei Alt und Jung gleich unbeliebt war. Mitleid mit deren Schicksal oder gar mißgünstige Beurteilung der Aktion wurden in keinem einzigen Falle bekannt.

Die Abschiebung der Juden hat nach verschiedentlich einlaufenden Meldungen unter der Bevölkerung große Befriedigung ausgelöst. Die Sympathie für die Deutschen sei durch diese Aktion gestiegen.

Da die vorhandenen Gegenstände sowie Lebensmittel den griechischen Behörden zwecks Aufnahme und Verwaltung zugeteilt wurden, wurde der Propaganda der EAM die Spitze genommen. Aus EDES-Kreisen wird nur volle Zustimmung laut.«[112]

Die EAM war die linksgerichtete griechische Untergrundbewegung, die EDES nationalistisch und antikommunistisch.

Auch auf den Inseln hat die Wehrmacht geholfen. Weder auf Korfu noch auf Rhodos noch auf Kreta oder der kleinen Insel Kos waren SS-Verbände stationiert. Es gab Insel- oder Festungskommandanten, die der Heeresgruppe E unterstellt waren. Für die Deportationen haben die Kommandanten dann jeweils Transportraum auf Schiffen zur Verfügung gestellt und für die Bewachung bei den Zusammentreibungen und für Absperrungen gesorgt. Mal mehr, mal weniger bereitwillig. Geweigert hat sich letztlich niemand, am Ende wurden die Juden von der Wehrmacht ihrem Schicksal ausgeliefert.

Auf der ionischen Insel Korfu lebten annähernd 2000 italienisch sprechende Juden. Am 25. April 1944 meldete der Abwehroffizier auf Korfu nach Joannina, wo sich eine Außenstelle des BdS Athen befand, die Juden der Insel seien nun »karteimäßig erfaßt«, gegen ihren Abtransport erhöben sich nun keine Bedenken mehr.[113] Am 13. Mai 1944 erschien beim Inselkommandanten von Korfu, Oberst Jäger, der Leiter der Außenstelle Joannina des BdS Athen, SS-Obersturmführer Paul von Manowsky. Er überbrachte den Befehl aus Athen zur Deportation der Juden von Korfu.

Jäger sagte zunächst nicht zu, von Manowsky reiste unverrichteter Dinge wieder ab. Oberst Jäger meldete sich am nächsten Tag mit einem ausführlichen Bericht bei seiner vorgesetzten Dienststelle, dem XXII. Gebirgskorps: »Am 13. 5. 1944 meldete sich beim Inselkommandanten SS-Obersturmführer von Manowsky mit einem Auftrag des Reichsführers SS, die Juden aus Korfu abzuschicken. Da diese Maßregel an die Aufbringung des Schiffsraumes gebunden ist – es handelt sich um etwa 1800 bis 2000 Juden – wurde dieser beim Admiral Ägäis angefordert. Eine erschöpfende Antwort ist bis zur Stunde nicht erfolgt. Der SS-Obersturmführer ist inzwischen wieder abgereist.

Der gegenwärtig zur Verfügung stehende taktische Schiffsraum ist für vorstehende Aufgabe in keiner Weise ausreichend. Selbst der Abtransport von zehn Engländern dauerte vier Tage. (...) Eine Festnahme von 2000 Juden auf Korfu würde auf große Schwierigkeiten stoßen und könnte die Verteidigung der Insel erheblich benachteiligen.

1. Wenn zusätzlicher Schiffsraum freigestellt werden sollte, so wären in erster Linie Badoglio-Italiener abzuschieben, die als ehemalige Soldaten weit gefährlicher sind als die Juden, über die nebenbei nie eine Klage war.

(...)

4. Selbst wenn ausreichender Schiffsraum zugewiesen werden sollte, müßte die Aktion in wenigen Tagen beendet werden können. Dies wird nicht möglich sein, da sowohl Schiffe wie auch verläßliche Menschen fehlen.

5. Da die Bevölkerung mit den Juden solidarisch ist und diese als Griechen ansieht, ist auch mit passiver Resistenz der griechischen Schiffsbesatzungen zu rechnen.

6. Das noch immer im Hafen befindliche Rote-Kreuz-Schiff würde für Greuelpropaganda Sorge tragen.

7. Der gegenwärtige Zeitpunkt ist mit Rücksicht auf die allgemeine Lage wohl denkbarst ungeeignet.

(...)

Vorschlag: Die Aktion wäre auf unbestimmte Zeit zu verschieben.«

Dann erschienen auf der Insel der »Judenreferent« Anton Burger als Leiter des Referats IV b a, sein Mitarbeiter Friedrich Linnemann und der Dolmetscher Constantin Rekanatis. Der Schiffsraum stand noch nicht zur Verfügung, deshalb konnte die Deportation noch nicht organisiert werden. Nach zweitägigem Warten verließen die drei die Insel wieder. Am 25. Mai 1944 trafen die Schiffe ein. Burger war zunächst jedoch unauffindbar, man konnte ihn auch telefonisch nicht erreichen. So wurden die Schiffe drei Tage später wieder abgezogen.

Burger hatte inzwischen festgestellt, daß die Juden von

Korfu weder in Ghettos festgesetzt noch bewacht wurden, es bestand lediglich die wöchentliche Meldepflicht bei den griechischen Behörden.[114]

Inzwischen war auch der Seekommandant West-Griechenland, Kapitän zur See Alexander Magnus, auf Korfu eingetroffen. Der Inselkommandant berichtete ihm von dem Befehl, die Juden aus Korfu zu deportieren. Auch Burger war mit seinen Begleitern wieder da. Er hatte gesehen, daß im Hafen von Korfu drei Siebelfähren lagen, Betonkähne mit Propellerantrieb. Diese forderte Burger nun bei Magnus, dem Vorgesetzten Jägers, für den Transport der Juden von Korfu. Alexander Magnus hat am 19. August 1966 in Bremen vor dem Staatsanwalt ausgesagt: »(. . .) Daraufhin hat sich der SS-Angehörige (Burger) an mich gewandt. (. . .) Dort verlangte er von mir Transportraum. Das lehnte ich aber ab, da ich keinen hatte. Daraufhin gab er mir zu bedenken, daß er im Hafen Siebelfähren gesehen habe, die nach seiner Auffassung für den Transport verwendet werden könnten. Ich erwiderte daraufhin, daß für die Fähren kein Brennstoff in genügender Menge vorhanden wäre, denn diese Fähren wären mit Flugzeugmotoren ausgestattet und benötigten beträchtliche Mengen an Brennstoff. Außerdem wies ich darauf hin, daß diese Fähren zwar für den Materialtransport, aber schlecht für den Transport von Menschen geeignet seien. Darauf antwortete er mit einer für die Juden sehr häßlichen Bemerkung, die ich wörtlich aber nicht mehr genau zusammenbekomme; sinngemäß war sie aber so zu deuten, daß Juden aus seiner Sicht ohnehin kaum Menschen seien und demnach auch keinen Anspruch auf menschenwürdigen Transport hätten. Als Ergebnis dieser Besprechung kann ich aber sagen, daß ich das Ersuchen auf Gestellung von Seetransportraum dem SS-Angehörigen abgelehnt habe.«[115] Es hat nicht geholfen. Burger hatte sich bei Magnus' Vorgesetztem, Admiral Ägäis Lange, beschwert. Dieser wies Magnus dann an, die Siebelfähren zur Verfügung zu stellen. Die »Aktion« konnte beginnen.

Am 9. Juni wurden die Juden Korfus verhaftet. Dabei half Burger ein Kommando der Außenstelle Joannina des BdS Athen. Die jüdische Bevölkerung mußte sich auf einem Platz einfinden, wozu sie ein Aufruf, der vom griechischen Bürgermeister auf Anordnung Burgers unterschrieben war, aufgefordert hatte. In diesem Aufruf hieß es, die Juden seien immer »Blutsauger am griechischen Volk« gewesen. Nach ihrer Abschiebung falle ihr Eigentum dem griechischen Volke zu.[116] Die Menschen wurden in der Ostzitadelle der Insel gefangengehalten, die Burger zuvor auf ihre Tauglichkeit für diesen Zweck inspiziert hatte. Dort mußten sie auch ihre Wertsachen abgeben. Drei Tage später wurden sie auf die drei Siebelfähren eingeschifft. Es dauerte vom frühen Morgen bis gegen 20 Uhr. Weil britische Fliegerangriffe befürchtet wurden, legten die drei Schiffchen unterwegs an der Insel Lefkadas an.

Und dort erschoß Burger vor aller Augen einen Mann.

Den Juden war erlaubt worden, sich auf einem kleinen Platz am Kai aufzuhalten. Nach Darstellung des griechischen Dolmetschers Rekanatis bat der Rabbiner um Erlaubnis, Lebensmittel für die Deportierten zu kaufen. Burger soll Rekanatis gestattet haben, sich darum zu kümmern: »Als ich mich auf den Weg machte, wurde ich von dem örtlichen Präsidenten des Roten Kreuzes angesprochen. Ich wurde gefragt, um wie viele Leute es sich handele; denn es bestand die Bereitschaft, für die Juden Brot zu backen. Burger wurde wiederum sehr böse und sagte, das seien lauter Spione (er meinte die Leute vom Roten Kreuz auf Lefkadas), und die wollten nur die britischen U-Boote verständigen. Der Präsident machte jedoch deutlich, daß er sich nicht für die Abfahrtszeit interessiere und sicherte zu, Brot, Milchkonserven, Fleischkonserven und Mineralwasser zu bringen. (...) Die Juden befanden sich auf einem Platz vor der Schiffsanlegestelle. Burger hatte sich auf dem Schiff auf ein Sofa gelegt und beobachtete den Platz mit den Juden. Die

Juden wurden von eigenen Ordnungskräften mit weißen Armbinden bewacht. Plötzlich sprang Burger vom Schiff herunter und auf den Platz, mit gezogener Pistole. Ich hörte es knallen. Er hatte einen Juden erschossen und wollte gerade einen griechischen Pfarrer erschießen. Ich fiel Burger in den Arm, um zu verhindern, daß er den Pfarrer erschoß. Er wollte mich dann auch noch erschießen. Griechische Polizei kam hinzu und wollte den Namen des erschossenen Juden wissen. Burger schickte sie jedoch fort. Linnemann war hinzugekommen und wirkte beruhigend auf Burger ein. Er sagte: ›Toni, das hast du nicht gut gemacht.‹ Mit bezug auf den getöteten Juden sagte Burger, jener sei noch der glücklichste von allen diesen Juden.«[117]

Eine damals 19 Jahre alte Zeugin aus Korfu hat auf Ersuchen der Bremer Staatsanwaltschaft am 21. Juli 1965 vor der israelischen Polizei über diesen Mord ausgesagt: »(...) Nach kurzer Fahrt gelangten wir nach Lefkadas, wo wir uns auf einem Platz neben der Anlegestelle bewegen durften. Es war uns aber verboten, den Bürgersteig zu betreten, der diesen Platz umgab. Einer der Juden, ich glaube, er hieß Jusepe Skuze (phon.), erhielt von einem griechischen Geistlichen, der auf dem Bürgersteig stand, eine Zigarette. Im selben Augenblick erschien ein Deutscher, der uns von Korfu begleitete und dessen Namen ich nicht weiß, zog eine Pistole und erschoß diesen Juden mit einem Genickschuß. Kurze Zeit darauf, es war vielleicht eine halbe Stunde später, schoß derselbe Deutsche auf einen Verwandten von mir, namens Shlomo B., der gerade im Begriff war, etwas Wasser aus einem Hydranten am Bürgersteig zu trinken und verletzte ihn auf der Hand.«[118] Nach Erinnerungen einer anderen Zeugin erhielt der Erschossene von dem griechischen Geistlichen ein »Paket« mit Brot, eine dritte erinnert sich, daß Burger – dessen Namen sie nicht kannte und ihn als »uniformierten Deutschen« bezeichnete – den Mann umbrachte, »weil er sich mit einem griechischen Geistlichen unterhielt«.[119]

Die Leiche des Ermordeten wurde »auf einem Holzkarren« weggebracht.

Bei Einbruch der Dunkelheit legten die Fähren ab und erreichten Patras am nächsten Morgen. Durch den Hunger, den Durst und die Hitze waren auf dem Transport mehrere Menschen gestorben. Ihre Leichen warf man ins Meer.

In Patras ließ Burger, weil Lastwagen nicht zur Verfügung standen, Schulen beschlagnahmen, wo die Juden aus Korfu untergebracht und von griechischen Efzonen bewacht wurden. Nach einigen Tagen ging es weiter ins Konzentrationslager Haidaris. Zu dem Transport der Juden aus Korfu kamen noch weitere Gefangene aus Haidaris hinzu. Am 30. Juni 1944 traf der Zug mit etwa 2000 Menschen in Auschwitz-Birkenau ein. Es wurden 441 Männer und 131 Frauen zur Zwangsarbeit ausgesondert. Alle anderen wurden sofort vergast. Von den Männern wurden noch einmal 400 junge Männer ausgesondert, die als »Leichenkommando« bei den Gaskammern und an den Öfen arbeiten sollten. Als sie sich weigerten, wurden sie geschlossen in den Gaskammern ermordet.[120]

Bei der Deportation der Juden von Kreta war die Anwesenheit von Anton Burger nicht erforderlich, weil die Wehrmacht und vor allem die Geheime Feldpolizei Gruppe 621 unter Leitung des Feldpolizeikommissars Deubel ohne Hilfe des BdS Athen handelte. Etwa 260 Juden wurden Ende Juni / Anfang Juli verhaftet und sollten mit dem Schiff aufs Festland gebracht werden. Das Schiff wurde von Torpedos getroffen und so stark beschädigt, daß es sofort sank. Die Juden ertranken alle, von der Besatzung konnte sich nur ein kleiner Teil des Brückenpersonals retten.

Dr. von Graevenitz konnte wieder ans Auswärtige Amt Vollzug der Deportationen übermitteln: »Nach einer Meldung des Befehlshabers der Sicherheitspolizei wurden im Rahmen der Abschiebungen aller griechischen Juden aus Griechenland der letzte Transport am 21. d. M.

durchgeführt. Mit diesem wurden über 2000 Juden, von denen 1900 aus Korfu stammen, ins Reich verbracht. Die vor kurzem ebenfalls erfaßten griechischen Juden von Kreta, mehrere Hundert, sind auf dem Weg von Kreta aufs Festland durch Feindwirkung umgekommen.«[121]

Hier irrte der Diplomat. Es war keineswegs der »letzte Transport« der griechischen Juden. Anton Burger war noch vollauf damit beschäftigt, die jüdische Bevölkerung aus dem Dodekanes, von Rhodos und von Kos, aufzuspüren und sie in den sicheren Tod nach Auschwitz zu schicken.

Deshalb traf er, wieder mit Linnemann und Rekanatis, zwischen dem 15. und dem 18. Juli 1944 auf Rhodos ein. Befehlshaber auf Rhodos war der Kommandant Ost-Ägäis und Divisionskommandeur der Sturm-Division Rhodos, Ulrich Kleemann. Bei diesem erschien Burger: »Im Jahre 1944 (...) kam eines Tages ohne jede Voranmeldung ein Kommando von SS-Männern auf die Insel, die mir als mit Sonderauftrag entsandte Angehörige des SD angemeldet wurden. (...) Ich empfing den Führer des Kommandos, der mir mitteilte, er käme, um im direkten Auftrag von Himmler die Überführung der Juden von Rhodos auf das Festland durchzuführen. Die von höchster Stelle befohlene Zusammenfassung der Juden sei im ganzen Südosten bereits durchgeführt, nur Rhodos stehe noch aus. Die Überführung von der Insel zum Festland sei bereits von ihm mit den zuständigen Festlanddienststellen abgesprochen und schon auf Tag und Stunde vereinbart und so vorbereitet, daß es nur notwendig wäre, die Juden auf Rhodos zusammenzufassen und für die Einschiffung bereitzustellen.

Auf Einwendungen, die ich gegen diese Maßnahmen erhob, wurde mir von dem SD-Führer entgegnet, daß die Judenevakuierung eine von höchster Stelle befohlene Maßnahme sei und er angewiesen sei, von den örtlichen Befehlshabern zu fordern, keine Schwierigkeiten zu machen.

Ich brach daraufhin die Unterredung mit dem arrogant auftretenden SD-Führer ab und besprach die Angelegenheit, die im krassen Gegensatz zu meinen Auffassungen stand, mit meinen Mitarbeitern im Stabe. Rückfragen bei der Heeresgruppe und eine eingehende Würdigung der Zwangslage, in der wir uns befanden, ergab, daß diese Maßnahme nicht unterbunden werden konnte.«[122]

Der Auftritt zwischen Burger und Kleemann muß heftig gewesen sein. Kleemann hat Burger deutlich gemacht, er führe auf Rhodos und lasse sich von Burger nicht hineinreden. Dabei, so hat Burger seinem Dolmetscher Rekanatis erzählt, habe Kleemann mit der Faust auf den Tisch gehauen, aber auch er, Burger, sei so wütend über Kleemann gewesen, daß er am liebsten »den Kerl umgelegt« hätte.

Von einem im Hafen liegenden Kriegsschiff setzte Burger, wie er seinen Begleitern später erzählte, ein Telegramm an Eichmann ab. Vier oder fünf Stunden später kam ein Anruf von Kleemann: Die Aktion konnte beginnen.

Kleemanns Adjutant und andere Angehörige des Stabes haben später die Darstellung ihres Vorgesetzten im großen und ganzen bestätigt. Sie bezeichneten ihn als einen Mann von edler Gesinnung, der sich darum bemühte, daß die Juden auf der Insel Rhodos weiterhin ungestört leben konnten. Trotzdem fühlte sich Kleemann, wohl nach der Anweisung aus Berlin, bemüßigt, seine Haltung zur nationalsozialistischen Weltanschauung eindeutig darzulegen:

»Die Judenfrage auf der Insel Rhodos hat Anlaß zu Zweifeln gegeben, ob dieser Frage von mir, als allein für die Politik gegenüber der Bevölkerung verantwortlichen Persönlichkeit, eine Behandlung zuteil werden konnte, die mit der nationalsozialistischen Weltanschauung nicht vereinbar wäre. Ich hatte nicht erwartet, daß solche Zweifel möglich wären. Es wäre Pflicht der Kommandeure gewesen, Zweifel dieser Art, die im Bereich der ihnen unterstellten Truppe auftreten, sofort auf dem Dienstwege zur Meldung zu bringen, um solchen völlig abwegigen Gedanken sofort entgegentreten zu können.

Ich ersuche unverzüglich die notwendigen Maßnahmen zu ergreifen, um jeden Zweifel über die Behandlung der Judenfrage in der Truppe zu beseitigen und gebe hierzu folgende Richtlinien:

1. Die nationalsozialistische Weltanschauung ist eine unantastbare und selbstverständliche Voraussetzung und Grundlage für die Behandlung aller die politischen, wirtschaftlichen und sonstigen Verhältnisse des Befehlsbereichs berührenden Fragen.

2. Die Judenfrage kann in Dodekanes nur im Rahmen der gesamten Lage behandelt und nur dann einer radikalen Lösung zugeführt werden, wenn eine Reihe von Voraussetzungen erfüllt sind, an deren Schaffung z. Zt. gearbeitet wird.

(...)

4. Es liegt im Interesse der eingeleiteten Maßnahmen, die Judenfrage auf Rhodos bis zu deren Lösung nicht zum Tagesgespräch in der Truppe zu machen.«[123]

Die »Lösung der Judenfrage auf Rhodos« setzte unverzüglich ein. Rekanatis sagte dazu aus: »Die Ortskommandantur gab Alarm und Burger ließ durch die Carabinieri alle Juden von 17 bis 70 Jahren auffordern, sich auf dem großen freien Platz vor dem Hotel ›Pension Suisse‹, in dem wir auch zwei Nächte gewohnt haben, zu versammeln. Er gab dann wieder 20 weiße Armbinden an jüngere Juden aus und diese erhielten den Auftrag, auch die Frauen und die Kinder herbeizuholen. Die ganze Aktion war offenbar wohl vorbereitet. Es mußte auch hier eine besondere Meldepflicht für Juden bestanden haben. Von dem Platz aus wurden die Juden dann durch Wehrmachtspersonal, das auf Rhodos stationiert war, zum ›Aeronautico‹, einem Erholungsplatz für Personal der italienischen Luftwaffe, geführt. Burger wies mich an, den Juden zu sagen, Rhodos sei Frontlinie und mit Rücksicht auf die anglophile Einstellung der rhodesischen Juden müßten sie nach Deutschland zur Arbeit gebracht werden.«[124]

Rekanatis hatte recht mit seiner Vermutung, daß auf

Rhodos eine Meldepflicht für die Juden bestanden haben muß, die das Zusammentreiben so unproblematisch gestaltete. Kleemann hatte bereits am 13. Juli verordnet, daß sich alle Juden spätestens bis zum 17. Juli bei den Bürgermeisterämtern »zwecks Eintragung in Meldelisten« einzufinden hatten. Außerdem wies Kleemann ihnen bestimmte Wohnorte zu: Rhodi-Stadt, Trianda, Cremasto und Villanova. Zuwiderhandlungen gegen diese Verordnung bedrohte er mit »Geldstrafe, Gefängnisstrafe, in schweren Fällen mit Zuchthaus«. Kleemann mag, wie er in seiner Darstellung 1957 behauptete, zumindest innerlich gegen die Maßnahmen gewesen sein. Seinem Befehl an die Ortskommandanturen ist dieser innere Widerstand nicht anzumerken. Er ermahnte in einem besonderen Schreiben vom selben Tag die Bürgermeisterämter, »daß insbesondere keine Verschleierung der verordneten Anmeldung erfolgt«.[125] Der Dolmetscher Rekanatis befahl den Juden in Burgers Auftrag, ihre Wertsachen mitzubringen.

Michael Molho schildert diese Tage des Grauens für die Juden von Rhodos so: »Alles Eigentum der Juden wird beschlagnahmt. Begleitet von Sachverständigen macht man sich daran, alle verlassenen Wohnungen zu durchwühlen, um die Verstecke in den Geldschränken zu entdecken. Alles, was geeignet ist, wird mitgenommen. (...) Am 24. Juli werden die Gefangenen, tausendsiebenhundert an der Zahl, in drei Frachtkähne gepfercht, die von einem Schoner geschleppt werden, und nach einer Dante-Reise, die acht Tage dauerte und in deren Verlauf der unselige Jahrestag des 9. Aw (Tag der Tempelzerstörung im Jahre 70 n. Z.) fällt, kommen sie in Piräus an, wo sie in barbarischster Weise behandelt werden. Diejenigen, die nach Meinung ihrer Wächter nicht schnell genug aussteigen, werden grausam mißhandelt. Eine alte Frau wird mit Revolverschüssen niedergestreckt und ihr Gehirn spritzt und verschmutzt die umstehenden Leute. Sieben der Gefangenen waren während der Überfahrt gestorben.

Zwölf andere sind tödlich verwundet. Alle sind ausgehungert, halb verdurstet, entkräftet und ringen mit dem Tode. Sie sind ihres ganzen Gepäcks beraubt. Ihre Gürtel, die Sohlen ihrer Schuhe sind durchsucht worden und alles, was diese verbargen, beschlagnahmt. Schändliche Barbaren machen sich sogar an anstößige Durchsuchungen von armen, von Schrecken und Entsetzen ergriffenen Frauen.«[126]

Für das Geld und die Wertsachen, die den Juden abgenommen wurden, hatte Burger eine besondere Verwendung: »Burger ließ elf Säcke mit Papiergeld an den italienischen Gouverneur auf Rhodos übergeben. Neun Koffer waren mit Silber, Uhren, Gold und Schmuck gefüllt. Diese neun Koffer wurden von Juden auf das Hotelzimmer Burgers geschafft. In Athen hat Burger diese neun Koffer an den Verwaltungsführer der SS, der sein Büro im selben Haus wie die Abteilung IV b 4 hatte, in meinem Beisein abgeliefert.«[127]

Daß Constantin Rekanatis nicht nur wörtlich übersetzt hat, was Burger ihm sagte, sondern auch auf eigene Faust verhandelte, schilderte 1961 der Vorsitzende der winzigen Jüdischen Gemeinde auf Rhodos, M. S., einer Mitarbeiterin von Jad Vashem aus Jerusalem. Er hatte Rekanatis bestechen können. Seine Frau, so sagte M. S., sei türkische Staatsangehörige. Nachdem der türkische Konsul auf Rhodos, Bey Selahattin, verständigt werden konnte, habe dieser mit Burger verhandelt und erklärt, 42 (nach anderen Quellen 47) der zur Deportation von Rhodos Bestimmten seien türkische Staatsbürger. So sei es ihm gelungen, diese Menschen zu retten. M.S. war mit seiner Frau und seinen Kindern frei, seine Eltern waren noch im »Aeronautico«: »Nachdem ich mich nunmehr frei bewegen konnte und nur den Auftrag erhielt, mich täglich bei der Gestapo zu melden, begab ich mich zu dem mit Costa Rekanatis verabredeten Rendezvous und händigte ihm seine Gebühren (hundert Goldstücke) ein. Gleichzeitig versprach ich ihm jede Summe, die er verlangen würde, für die Befreiung meiner Eltern. Er antwortete mir mit einem Augenzwinkern, welches mir gestattete, meine Eltern der Gruppe der noch zu befreienden türkischen Staatsbürgerfamilien anzuschließen. Insgesamt waren es fünf oder sechs Familien, welche der türkische Konsul aus dem Gestapogebäude hinausführte; die einzigen Leute, zu deren Befreiung Costa Rekanatis – wenn auch für mein Geld – beitrug. Als ich mit meiner Familie das Gefängnis verließ, näherte sich Costa mir und zischelte mir ins Ohr: ›Ich erwarte Sie heute abend, neun Uhr, im Hotel Albergo delle Terme.‹ Pünktlich war ich an Ort und Stelle, wo er mich am Eingang erwartete und meiner Hand mit einer raschen Geste die in einem Taschentuch eingewickelte Beute entriß. Damit war die Sache meiner Eltern aber noch nicht zu Ende. Griechen haben eine Anzeige bei der Gestapo gemacht, daß meine Eltern richtige Dodekaneser seien, und sie hätten kein Recht, als türkische Staatsbürger anerkannt zu werden. Nur dank der Hilfe eines italienischen Arztes wurden sie als Kranke im Spital untergebracht und dann begaben wir uns mit einer gemieteten Barke nach Anatoli.«[128] Die Familie überlebte in der Türkei.

Nicht nur der Vorsitzende der rhodesischen Jüdischen Gemeinde, die 1961 ganze 30 Mitglieder hatte, war dem Dolmetscher Rekanatis gegenüber mißtrauisch. Er sprach ein so flüssiges Ladino, daß die Männer, die er im »Aeronautico« verhörte, ihn rundheraus fragten, ob er Jude sei. Rekanatis bestritt das: Er sei Grieche aus Saloniki und habe viele jüdische Freunde dort gehabt. Geglaubt haben ihm die Juden nicht, auch andere Zeugen haben ihn für einen jüdischen Kollaborateur gehalten.

M. S. erinnerte sich, wie Rekanatis Vertrauen zu erwecken suchte: »Meine lieben Freunde«, so soll er den verhafteten jüdischen Männern auf Rhodos im »Aeronautico« gesagt haben, »es liegt in eurem eigenen Interesse, wenn ihr nicht leiden wollt, sämtliche Ersparnisse in Geld, Gold und Schmuck mitzunehmen. Sonst müßt ihr

Hungers sterben. Bitte mir dann keine Vorwürfe zu machen, daß ich euch nicht verständigt habe.«[129] Die Männer glaubten ihm: »Er benutzte seine ganze Überredungskunst, gab Hoffnungen, Illusionen, geknüpft mit Lügen, tat alles, um so viele Wertsachen wie möglich zu erhalten. Ich muß sagen, daß 90 Prozent der Menschen es tatsächlich glaubten, es läge in deren eigenem Interesse. Um leben zu können, mußte man alles mitnehmen, was man besitzt. Unter solchen anormalen Umständen, wie wir uns befanden, wurde nun die Panik so groß, daß man eigentlich schon das Denken und Reagieren (...) verloren hatte. Nachdem alle Familienmitglieder gebracht wurden und im Erdgeschoß eingesperrt worden waren, erhielt der Vorstand der Gemeinde von der Kommission (Burger, Linnemann und Rekanatis, d. Verf.) den Auftrag, sämtliche Werte abzuliefern. Die Anordnung besagte, daß jeder, der sich ihr entgegenstellte und nicht sein Letztes ablieferte, erschossen werden würde. Sogar die Armbanduhren mußten abgeliefert werden.«[130]

Rekanatis hat sich später in seiner Aussage der Rettung der Juden mit türkischer Staatsangehörigkeit gerühmt, und natürlich war nicht davon die Rede, daß er eine hohe Bestechungssumme kassiert hatte. Nach seiner Erinnerung waren es 125 Juden. Burger habe dem türkischen Konsul gesagt, diese Leute müßten innerhalb von zwei Tagen in die Türkei ausreisen.

Nachdem die 1673 Juden von Rhodos am Sonntag, dem 23. Juli 1944, auf drei kleine griechische Motorsegler mit einer Besatzung aus Soldaten der deutschen Kriegsmarine gebracht worden waren, legten die Schiffe ab und liefen kurze Zeit später die kleine Insel Kos an. Dort wurde die gesamte jüdische Bevölkerung, noch einmal einhundert Menschen, an Bord gebracht. Am 31. Juli kamen sie in Piräus an. Burger, Linnemann und Rekanatis hatten die Insel einen Tag nach dem Abtransport der Juden mit dem Flugzeug verlassen und warteten in Athen auf die Nachricht vom Eintreffen der Schiffe: »Es ist richtig, daß wir bei der Abteilung IV b 4 der Meinung waren, der ganze Transport sei untergegangen; denn wir mußten mehr als zwölf Tage warten, bis wir vom Eintreffen des Transports im Hafen von Piräus benachrichtigt wurden. Anstatt die Juden in Lastwagen zu verladen, hat Burger sie dann unter Bewachung die zwölf Kilometer bis zum Lager Haidaris marschieren lassen. Das hat sich natürlich in ganz Griechenland herumgesprochen.«[131] Nachdem die Menschen einige Tage in Haidaris gefangengehalten worden waren, trieb man sie in die Waggons und brachte sie über Saloniki, Üsküb, Belgrad, Ungarn, die Tschechoslowakei nach Auschwitz-Birkenau. Dort trafen sie am 16. August 1944 ein. 346 Männer und 254 Frauen wurden zur Arbeit ausgesondert, alle anderen sofort in die Gaskammern geschickt. 85 Frauen und 23 Männer aus Rhodos überlebten Auschwitz.

Constantin Rekanatis wurde nach dem Kriege in Athen wegen seiner Kollaboration mit der SS zum Tode verurteilt, später zu lebenslanger Haft begnadigt und nach einigen Jahren aus dem Gefängnis entlassen. Auch gegen den Bremer Friedrich Linnemann wurde ausführlich ermittelt, es ist dabei aber nichts herausgekommen: Zwar hielt ihn die Staatsanwaltschaft für schuldig, aber eben nur der Beihilfe zu den Morden. Beihilfe war verjährt. Haupttäter war nach Überzeugung der Ermittlungsbehörden Anton Burger.

Mit Friedrich Linnemann hatte SS-Obersturmführer Anton Burger einen erfahrenen Helfer in der »Judenfrage«. Linnemann, 1903 geboren, war zwölf Jahre Bremer Schutzpolizist, ehe er 1936 bei der Kriminalpolizei und 1937 bei der Gestapo eintrat. Von Oktober 1939 bis März 1940 war er in Polen. Ab 1941 war er in Bremen im »Judenreferat« IV b 4 tätig. Im Sommer 1943 wurde er zum BdS Athen versetzt. Linnemann hat in seinen späteren Vernehmungen immer wieder behauptet, er habe sich als Bremer Gestapo-Mann zwar Gedanken gemacht, was aus den »armen Bremer Juden« wohl werde, die »nach dem Osten evakuiert« wurden. Alles in allem sei er aber der Meinung gewesen, sie kämen dort zum »Arbeitseinsatz«. Zu Zeiten von Linnemann als Bremer »Judenreferent« wurde die Jüdische Gemeinde Bremen nach Minsk, nach Lodz und nach Theresienstadt deportiert. Fast alle in den sicheren Tod. Linnemann will das nicht gewußt haben.

Ganz anders sind die Erinnerungen von Inge Berger. Sie wurde mit dem letzten Transport im Sommer 1942 mit ihren Eltern – der Vater gehörte dem Vorstand der Bremer Jüdischen Gemeinde an – nach Theresienstadt deportiert: »Am Abend, bevor wir weggebracht wurden, war Linnemann mit anderen SS-Leuten die ganze Nacht im Haus. Sie hatten wohl Angst, daß wir im letzten Augenblick noch etwas weggeben von unseren Sachen. Als wir zum Bahnhof gingen, mußten sie ja auch das Haus versiegeln. Also, am Abend – ich war gerade dabei zu packen – sagte mir Linnemann: ›Eure Koffer werden nicht nachgesehen, du kannst noch etwas reinstecken.‹ Da sagte ich: ›Herr Linnemann, Sie kennen meinen Vater, Sie kennen uns. Wir tun nichts rein, was nicht erlaubt ist. Das macht uns jetzt auch nicht mehr glücklich.‹ Linnemann und die anderen haben uns dann im Zug bis Hannover gebracht. Es gingen ja immer tausend Menschen auf den Transport. In Bremen gab es schon lange nicht mehr so viele jüdische Leute. Wir sind in Hannover dann an den Zug nach Theresienstadt angehängt worden. Unterwegs sagt Linnemann zu mir: ›Ich habe keine Zeit gehabt mich zu rasieren. Gib mir mal das Rasierzeug deines Vaters.‹ Ich gebe es ihm und er rasiert sich. In Hannover sind die SS-Leute dann ausgestiegen. Da sage ich dann: ›Auf Wiedersehen, Herr Linnemann.‹ Und er sagt: ›Na, Inge, wenn wir uns wiedersehen, hänge ich an der nächsten Laterne.‹ Stellen Sie sich eine solche Bemerkung vor. Er hat doch gewußt: es geht in die Vernichtungslager.«[132]

Das hat Linnemann mit Sicherheit gewußt. Denn in Athen, so behauptet es jedenfalls Rekanatis, hat er am Vorabend der »schlagartigen« Verhaftung der Juden von Athen dem Dolmetscher gesagt: »Morgen passiert hier das gleiche wie in Saloniki.«

Zu Verantwortung wurde Linnemann nicht gezogen, er wurde aber wenigstens nicht mehr in den Polizeidienst aufgenommen, so sehr er sich nach dem Kriege auch darum bemüht hat.

Anders ist es vielen Angehörigen der Geheimen Feldpolizei aus Joannina und vor allem Kreta ergangen: Die Angehörigen der Geheimen Feldpolizei, der Gruppen 611 und 621, sind in den sechziger Jahren in mühevoller Kleinarbeit aufgespürt und vernommen worden. Viele von ihnen waren Polizeibeamte, überall in der Bundesrepublik.

Und Anton Burger sagte in seiner Vernehmung beim Landesgericht für Strafsachen in Wien 1951 über seine Verbrechen in Griechenland, bei denen er den Tod von Tausenden von Menschen zu verantworten hatte: »Im März 1944 kam ich dann nach Athen zum Befehlshaber der Sicherheitspolizei. Dort war ich mit der Abwicklung der restlichen Transporte ausländischer Juden beauftragt. Soweit sie türkischer Nationalität waren, wurden sie direkt in die Türkei geschickt. Alle anderen, es handelte sich größtenteils um spanische Juden, wurden mit Transporten nach Wien und von da angeblich über Bergen-Belsen nach Spanien geschickt.« Und 1959 schrieb er an den Bürgermeister seines Heimatortes Neunkirchen in Niederösterreich: »Durch mich hat 1938 und auch später kein politischer Gegner Schaden erlitten.«

Das Ende der SS-Karriere Anton Burgers

In seiner Vernehmung im amerikanischen Internierungslager »Marcus W. Orr« in Glasenbach bei Salzburg hatte Burger im März 1947 eingeräumt, daß unter seinem Befehl »die letzten Athener Juden« in Richtung Wien deportiert wurden, es seien »sechshundert bis achthundert« gewesen. Den Abtransport habe er nach Berlin gemeldet und vom Reichssicherheitshauptamt seien dann »die weiteren Verfügungen« über das Schicksal der jüdischen Athener Bevölkerung getroffen worden. Das war selbstverständlich eine Lüge, genauso wie die Zahl der von ihm Deportierten. Es waren mehr als 7000 Menschen, die unter seinem Befehl aus Griechenland nach Auschwitz verschleppt wurden. Daß Burger von ihrem Tod, der sie dort erwartete, gewußt und ihn gewollt hat, ergibt sich nicht allein aus seiner Position als der für Athen und Südgriechenland zuständige Abteilungsleiter im Referat IV b 4. Sein Vorgänger, Dieter Wisliceny, hat bei seiner Aussage in Nürnberg sehr deutlich erklärt, daß der Bestimmungsort der Transporte aus Saloniki »in allen Fällen« Auschwitz war und die Menschen dort der ihm von Eichmann präzise beschriebenen »Endlösung« in den Gaskammern »zugeführt« wurden. Und Burger soll davon nichts gewußt haben? Es war Burger, der in Athen, aber auch auf Korfu und Rhodos die Deportationen persönlich überwachte, der die Militärs veranlaßte, den nötigen Schiffsraum zur Verfügung zu stellen. Es war Burger, der gemeinsam mit Linnemann und Rekanatis Orte – wie auf Rhodos – inspizierte, wo man die jüdische Bevölkerung unter unmenschlichen Bedingungen tagelang gefangen halten konnte. Dabei hat er nicht nur zugesehen, wie die Juden zusammengetrieben wurden, er hat die Anordnung dazu gegeben und nach Bekundungen von Rekanatis noch Ansprachen gehalten. Diese Reden Burgers hatten überall den gleichen Inhalt: Deutschland mißtraue der jüdischen Bevölkerung wegen ihrer anglophilen Einstellung, deshalb werde man sie nach Deutschland zur Arbeit schicken. Nach dem Krieg käme jeder wieder nach Hause.

Und es war schließlich Anton Burger, der den Mann, der vielleicht Jusepe Skuze hieß, erschoß und diesen Mord mit der beiläufigen Bemerkung kommentierte, »dieser Jude sei noch der glücklichste von allen diesen Juden.« Burger hat den Tod der Juden gewollt. Und, wie Eichmann lobend erwähnte, er war »ein Kerl, dem man einen Befehl vorgelesen« hat, und schon war er ausgeführt. Einen solchen Mann brauchte Eichmann auch in Budapest in seinem »Sonderstab«, den er im Oktober 1944 dort versammelte.

Burger hat beim Verhör in Glasenbach behauptet, er sei von »Juli 1944 bis Oktober 1944« wegen Herzbeschwerden krank gewesen und deshalb zu seiner Familie nach Brünn zurückgekehrt.[133] Abgesehen davon, daß die Juden aus Rhodos und Kos erst am 23. Juli 1944 von den Inseln deportiert wurden und Burger mit seiner Begleitung erst am nächsten Tag nach Athen zurückkehrte, berichtete Rekanatis auch, man habe in Athen »zwölf Tage warten müssen«, bis das Eintreffen des Transports in Piräus gemeldet wurde. Dann habe Burger den Befehl gegeben, die Juden sollten zu Fuß nach Haidaris marschieren. Da wird es eher Anfang oder Mitte August gewesen sein.

Bei seiner Vernehmung im Landesgericht für Strafsachen in Wien 1951 hat Burger dann ausgesagt: »Im Frühsommer 1944 kehrte ich wieder nach Berlin zurück. Dort arbeitete ich wieder im Vermögensreferat. Es wurde damals das jüdische Vermögen zum Reichsfinanzministerium überführt. Von Berlin aus machte ich auch eine Kurierfahrt nach Budapest, und zwar war dies kurz vor

Weihnachten 1944.«[134] Diese angebliche »Kurierfahrt« dauerte von Oktober 1944 bis Weihnachten.

Ungarn hatte im März 1944 das Bündnis der »Achsenmächte« verlassen, am 19. März 1944 waren die Deutschen einmarschiert. Mehr als eine halbe Million Juden lebte in Ungarn. Auch in den letzten Monaten des Krieges, als die deutsche Niederlage längst feststand, sollte wenigstens diese letzte Schlacht noch erfolgreich geschlagen werden: die gegen das ungarische Judentum. Während sich Eichmann im Gespräch mit dem holländischen ehemaligen SS-Mann Sassen darüber beklagte, daß etliche Länder des deutschen Okkupationsbereichs »Schwierigkeiten« gemacht hätten, ihre Juden »zur Evakuierung freizugeben«, bestanden in Ungarn diese Schwierigkeiten zu Eichmanns Freude nicht: »Ungarn hat uns wirklich die Juden wie saures Bier angeboten, und Ungarn war das einzige Land gewesen, für das wir überhaupt nicht schnell genug arbeiten konnten. Wie ich dauernd gedrängt wurde, wo ich doch gar nicht das Transportmaterial auftreiben konnte, so sehr ich mich auch bemühte. So daß selbst die Aufnahmestellen (gemeint ist Auschwitz, d. Verf.) Schwierigkeiten in der Unterbringung hatten, ein solches Tempo wurde von der ungarischen Regierung vorgelegt.«[135] Und an anderer Stelle sagte der Judenhenker Europas voller Stolz: »(...) hat sich wohl der Reichsführer SS zum Schluß gesagt, bevor sich jetzt in Ungarn noch eine Widerstandsbewegung verstärkt durch die dort ansässige halbe Million Juden, die bestimmt keinen geringen Einfluß gehabt haben, schicken wir den Meister herunter, der soll die Sache selbst machen. Man schickte also mich herunter und das Ende war, daß Dr. Kastner[136] sagte, daß es ein Unglück für das ungarische Judentum wäre, daß man ausgerechnet mich nach Ungarn geschickt hat, der es verstanden hätte, infolge seiner organisatorischen Fähigkeiten und infolge meines Durchschlagsvermögens innerhalb so kurzer Zeit eine halbe Million trotz der schwierigen Transportlage abzutransportieren.«[137]

Ab Anfang Mai 1944 waren die ersten Transporte aus den ungarischen Provinzen nach Auschwitz gegangen. Im Oktober 1944 jedoch geriet die Maschinerie ins Stocken. Rudolf Höss, der Lagerkommandant von Auschwitz, hatte sich bei Himmler beschwert, er könne gar nicht so schnell vergasen, wie Eichmann ihm aus Ungarn Juden schicke.[138]

Im Oktober rief Eichmann alle seine Männer nach Budapest in das »Sonderkommando«. Bereits seit März 1944 waren nach und nach die Endlösungsspezialisten aus Europa in Budapest eingetroffen: Hermann Alois Krumey, Otto Hunsche, Dieter Wisliceny, Theodor Dannecker, Franz Novak, Franz Abromeit und Siegfried Seidl. Anton Burger kam im Oktober dazu, eine besondere Aufgabe scheint er nicht gehabt zu haben. Im Gegensatz zu den oben Genannten waren er, Schmidtsiefen, Kryschak, Rau, Hartenberger, Girzick, Wolf, Ramberger und Schmidt »von geringerer Bedeutung«.[139]

Weihnachten 1944 kehrte Anton Burger zu seiner Frau und den beiden kleinen Söhnen nach Brünn zurück. Anfang Januar 1945 machte sich die Familie auf nach Prag, die Front war Brünn bereits nahe: »Für das Reichssicherheitshauptamt wurden Ausweichstellen eingerichtet und so kam ich mit der Vermögensverwaltungsstelle nach Prag in die Belgische Gasse.«[140]

In Prag ging er seiner alten Beschäftigung im Referat IV b 4 nach, der »Verwaltung« des geraubten jüdischen Vermögens, das nun zum Reichsfinanzministerium transferiert wurde. Sein Chef dort war SS-Sturmbannführer Willi Jeske, Amtsrat im Amt für Verwaltung und Recht beim Reichsführer SS im Reichssicherheitshauptamt.

Am 30. Januar 1945 wurde Burger zum letzten Mal befördert: SS-Hauptsturmführer (Wehrmacht: Hauptmann) war sein letzter Rang in der SS. Allerdings bestritt Burger 1947 gegenüber dem amerikanischen Ermittler in Glasenbach, von dieser Beförderung überhaupt gewußt zu haben.

Im April 1945, als Europa in Schutt und Asche lag, rief Eichmann seine engsten Vertrauten nach Altaussee in Oberösterreich. Burger gab darüber bei seiner Vernehmung 1951 eher wortkarg Auskunft: »Kurz vor Kriegsende bin ich dann mit meiner Familie von Prag nach Aussee gefahren.«[141]

Wie Eichmann bei seiner Vernehmung im Prozeß in Jerusalem hat auch Burger bei seiner Vernehmung im CIC-Lager Glasenbach behauptet, man habe in den Bergen Widerstand organisieren wollen. Wahrscheinlicher ist die Einschätzung von Simon Wiesenthal, daß Eichmann und seine Vertrauten noch einen Teil der Beute, die sie den Juden abgenommen hatten, in Sicherheit bringen wollten. Anfang Mai versteckten Eichmann und seine Leute, zu denen Anton Burger, Franz Novak, Richard Hartenberger, Alfred Slavik und Otto Hunsche zählten, Kisten mit unbekanntem Inhalt auf nahegelegenen Almen.[142]

In Altaussee bewies Anton Burger seinem Chef Eichmann einmal mehr, daß er einer war, der nicht zögert. Eichmann: »(...) Am ersten Tag, als die Sonne aufging, kam ein Hauptsturmführer aus dem Amt VI: ›Befehl von Obergruppenführer Kaltenbrunner, Eiserne Ration soll ich abholen.‹ Da frage ich: ›Was sollen Sie abholen? Eiserne Ration, die brauche ich selber.‹ (...) Da wurde er frech, da wurde er anmaßend und mein Obersturmführer Burger sagt mir: ›Soll ich ihn umlegen?‹«[143]

Burger kam auch hier, wie gewöhnlich, schnell zu einer gewalttätigen Lösung. Von dieser allerdings hat Eichmann ihn abhalten können. Der Krieg war schließlich vorbei, und das von Burger favorisierte Umlegen wäre vielleicht nicht mehr so folgenlos geblieben wie noch wenige Monate zuvor, als Figuren wie Eichmann und Burger die Herren in Europa waren. Aber: »(...) Ich hörte am nächsten Morgen ein heftiges Geschrei und Gebrüll, und als ich zum Fenster raus sah, da sah ich, wie Burger einen Zivilisten rechts und links mit Ohrfeigen traktiert. Durch eine Ordonnanz befahl ich Burger zu mir in mein Zimmer, und er meldet mir, daß dies ein Lehrer sei, der aus irgendeiner der Talortschaften heraufgekommen wäre, um die Fettbestände in einem der LKW zu plündern und daß er ihm deshalb handgreiflich Bescheid zu Teil werden ließ. Ich sagte ihm, daß ein Offizier nicht schlägt.«[144]

Ach ja, Adolf Eichmann hatte es schwer mit seinen schlagenden Offizieren vom Schlage eines Anton Burger, und auch sonst war er nicht begeistert von den Leuten, die sich außer seinen Vertrauten in Altaussee um ihn gesammelt hatten: »Ich habe mir nur gesagt, welchen Sauhaufen hast du nun hier versammelt. Kerle von der Waffen-SS, die vielleicht gerade aus dem Lazarett entlassen und noch einmal irgendwelchen Einheiten zur Verfügung gestellt worden sind, irgendwo von der SIPO aufgegabelt und vereinnahmt, diesen völlig subordinierten Haufen des Amtes VI, einige Weiber, meine Leute und noch 150 Mann HJ (Hitler-Jugend, d. Verf.)«.[145]

Munition gab es reichlich, mehr als Eichmann wollte. Also mußte er einen Platz dafür finden, und da hatte er wieder viel Freude an Anton Burger: »Ich hatte Burger als meinen besten Skiläufer mit einem Mann als Begleiter zur Patrouille heraufgeschickt und habe ihn auf die Rettenbachalm und noch weiter hinauf geschickt, um die Schneeverhältnisse und die Unterkunftsmöglichkeiten usw. zu kontrollieren. Also Nahziel jedenfalls die Rettenbachalm.« Nachdem nun alle versucht hatten, Waffen, Proviant und eben die Kisten unbekannten Inhalts auf die Rettenbachalm zu schaffen und dabei eine Nacht unter freiem Himmel im Schnee verbringen mußten, kam Anton Burger als Unterhändler der Eichmann-Männer zum Chef: »Am nächsten Tag sagte mir Burger, ›wir haben die Sache besprochen. Sie werden als Kriegsverbrecher gesucht, und wir werden nicht als Kriegsverbrecher gesucht. Wenn Sie sich also absetzen würden und einen anderen Kommandanten bestimmen, zumal wir auf Engländer und Amerikaner sowieso nicht schießen dürfen und der Russe hier nicht herkommt, weil hier amerikanisches Einflußgebiet ist, dann würden Sie Ihren Kameraden einen großen Dienst erweisen.‹ Nachdem ich mit mir selbst die Sache abgemacht hatte, habe ich also gesagt: ›Leute, so lasse ich euch nun hier auf der Rettenbachalm allein, der Krieg ist aus. Schießen dürft ihr sowieso nicht, seht zu, wie ihr durchkommt.«[146]

Viel später, im Februar 1955, hat Burger seiner Mutter noch etwas über die Aufteilung der Beute geschrieben: »Bei dem Zusammenbruch 1945 erhielt bei der Auflösung unseres Haufens jeder 1000 Dollar in Devisen sowie eine Anzahl Goldmünzen. Diese ganzen Werte übergab ich in Altaussee meiner Frau mit dem Hinweis, daß dies zur Gründung einer Existenz diene. (...) Für mich selbst wurden nach meiner Flucht etwa 100-Dol. benötigt.«[147]

Die Flucht sollte erst knapp zwei Jahre später stattfinden. Zunächst einmal wurde Burger festgenommen, und zwar aus Versehen.

Die Amerikaner und die Jewish Agency begannen sehr bald nach dem Ende des Krieges mit der Suche nach Adolf Eichmann. Simon Wiesenthal hatte den Namen Eichmann zum ersten Mal nach seiner Befreiung in Mauthausen gehört: Die ungarischen Juden hatten von einem »Adolf Eichmann« als dem Hauptverantwortlichen für die Tragödie des ungarischen Judentums gesprochen.[148] Die Suche nach Eichmann begann in Linz, wo der Vater Eichmanns einen Laden mit Elektrogeräten betrieb, und verlief, wie man weiß, erfolglos. Es war jedoch bekannt geworden, daß sich Frau Eichmann unter ihrem Geburtsnamen Vera Liebl mit ihren Söhnen in Altaussee aufhielt und behauptet hatte, sie sei Anfang 1945 von Eichmann geschieden worden.

Simon Wiesenthal: »(...) kam Max zu mir. Er war ganz aufgeregt. Ihm waren Gerüchte zu Ohren gekommen, daß sich Eichmann in Fischerndorf, einem Teil des hübschen Städtchens Altaussee, versteckt halte. Die Adresse lautete: Fischerndorf Nr. 8. Wir telefonierten mit dem CIC im nahegelegenen Bad Aussee und baten um Hausdurchsuchung. Das CIC forderte die österreichische Polizei dazu auf. Irgend jemand macht einen Fehler – war es Zufall? War es Absicht? Es wird wohl nie herauskommen – jedenfalls gingen die Gendarmen zum Haus Nr. 38 anstatt zu Nr. 8. Eichmann fanden sie in Fischerndorf Nr. 38 nicht, dafür allerdings den SS-Obersturmführer Anton Burger, der sich dort mit einer hübschen Sammlung von Waffen und Munition versteckt hatte. Die Österreicher sperrten ihn ein.«[149]

Die Österreicher übergaben Burger den amerikanischen Behörden. Die sperrten ihn unter der Häftlingsnummer 10 579 in das CIC-Internierungslager »Marcus W. Orr« in Glasenbach bei Salzburg ein. Für sie war Burger fast zwei Jahre lang ein »verdächtiger SS-Mann unbekannten Ranges und eine Bedrohung für die öffentliche Sicherheit (suspected SS-man of unknown rank, and a security threat)«, weil er mit zehn Pistolen und Munition angetroffen worden war. Weitere Erkenntnisse hatten sie über Burger nicht. Besonderes Interesse schienen sie an ihm aber auch nicht gehabt zu haben. Jedenfalls konnte sich Burger im Sommer 1945 dort relativ sicher fühlen, und das änderte sich in den folgenden Monaten auch nicht. Burger gehörte dort zu einer Gruppe von Internierten, die sich als »Lagerkameradschaft« verstand. Sie malten sogar eine Karte mit einer Festung auf einem Berg. Unten ist der Berg von Stacheldraht umgeben. Ein geschwungenes Band enthält die Ortsangabe »Camp Marcus W. Orr«. Alle zwölf Männer haben diese Karte auf der Vorderseite unterschrieben. Auf der Rückseite sind in Druckbuchstaben ihre Namen und Heimatadressen vermerkt: Anton Burger, Wilhelm Gahler, Mathias Hiermann, Siegfried Knoll, Willfried Lischka, Hermann Moser, Rolf Oberweger, Franz Raberger, Stefan Susan, Gustav Schmeidel, Otto Schrank und Franz Schwarz. Die meisten von ihnen wohnten in und um Wien, nur ein Norddeutscher aus Oldenburg war dabei.[150]

Nach mehrmonatiger Hauptverhandlung verurteilte das Landesgericht für Strafsachen in Wien am 30. Oktober 1946 Dr. Siegfried Seidl, den ersten Lagerkommandanten von Theresienstadt, zum Tode. Am 4. Februar 1947 wurde Seidl hingerichtet.

Auch Burgers Nachfolger als Kommandant von Theresienstadt, Karl Rahm, stand 1947 in der kleinen tschechischen Stadt Leitmeritz vor Gericht. Dort sollte er sich wegen seiner Verbrechen in Theresienstadt verantworten. Am 30. April 1947 wurde Rahm vom Außerordentlichen Volksgericht in Leitmeritz zum Tode verurteilt und am selben Tage hingerichtet. In diesem Verfahren wurde auch Burger – in Abwesenheit – zum Tode verurteilt. Die tschechischen Behörden hatten einen Auslieferungsantrag an die Amerikaner gestellt, und auch das Wiener Landesgericht war auf der Suche nach SS-Hauptsturmführer Anton Burger. Da erst erinnerten sich die Amerikaner, daß sie einen gewissen Anton Burger in Glasenbach interniert hatten und sahen sich den Mann genauer an. Auf der Suche nach Adolf Eichmann hatten sie inzwischen auch den Namen Anton Burger gelesen, der mit Eichmann eng zusammengearbeitet haben sollte. Am 5. März 1947 vernahm der Special Agent des CIC, Meir Ben Horin, in seinem Büro den Internierten Anton Burger vom frühen Morgen bis um fünf Uhr nachmittags. Am folgenden Tag wurde das Protokoll geschrieben. Diese Vernehmung belegt, daß Anton Burger in der Zwischenzeit von der Verurteilung und Hinrichtung Seidls erfahren hatte, möglicherweise wußte oder ahnte er auch, daß sich nun auch die Tschechen für ihn interessierten. Von der Verhaftung seines Nachfolgers Rahm wußte er mit Sicherheit, darüber wurde in der Vernehmung gesprochen.

Die erste Vernehmung Burgers hatte zunächst nur ihn und seine Tätigkeit zum Inhalt. Burger gab ziemlich offen Auskunft über seine verschiedenen Aufgaben in der SS und beim SD, wenn er auch seine eigene Verantwortung stets herunterspielte. Natürlich hat Burger nach eigener Aussage im wesentlichen »verwaltet«. In der Zentralstelle für jüdische Auswanderung in Wien 1938 habe er lediglich Dokumente ausgeteilt, in Prag und in Brünn nur das ehemals jüdische Vermögen verwaltet. Nach Theresienstadt wollte er überhaupt nur deshalb als Nachfolger Seidls abkommandiert worden sein, weil Seidl »Disziplinprobleme mit dem SS-Personal« gehabt habe. Außerdem habe Eichmann ihm als dem neuen Kommandanten eine besondere Order mit auf den Weg gegeben. Das »Ghetto müsse ein Schmuckkasten, besichtigungsreif für Pressevertreter und Rotes Kreuz« werden. Außerdem sollte Burger die Disziplin unter den SS-Leuten wiederherstellen.[151]

Daß er einer war, auf den Eichmann sich verlassen konnte, der keine Skrupel hatte, Kinder nach Auschwitz in den Tod zu schicken, der seinen Anordnungen durch Gewalttätigkeit Nachdruck verlieh und keiner war, den sein Gewissen plagte – diese Fähigkeiten werden ihn wohl eher zum Lagerkommandanten von Theresienstadt empfohlen haben als seine Neigung, aus einem Konzentrationslager einen »Schmuckkasten« zu machen.

Auch in Griechenland habe er nur immer ausgeführt, was andere ihm befohlen hätten. Immerhin gab er zu, sechshundert bis achthundert Athener Juden »nach Wien« geschickt zu haben.

Zum Abschluß des Vermerks über die Vernehmung regte Special Agent Meir Ben Horin dann an, der CIC Oberösterreich möge auch die Ehefrau Burgers vernehmen, die in Fischerndorf Nr. 38 wohne. Die Vernehmung solle Aufschluß über ihren Anteil an der SS- und SD-Karriere von Anton Burger bringen und auch darüber, in welchem Ausmaß sie von seinen hohen Positionen profitiert habe. Zu dieser Vernehmung ist es wohl nicht gekommen. In einem Brief an seine Mutter behauptete Burger 1955, daß er seine Frau, von der er längst geschieden war, bei seiner Befragung in Glasenbach geschützt habe: »(...)

Ferner möge sie daran denken, daß ich bei meiner Einvernahme durch den CIC mit einer Lüge ihre damalige Verhaftung verhinderte. Dort lag eine Anzeige gegen sie vor, wonach sie am Neujahrstage 1944 im KZ Theresienstadt einen Juden, der ihre Schuhe reinigte, mißhandelt hatte. Ich wies damals diese Anschuldigung mit der unwahren Behauptung zurück, daß meine Frau niemals in Th. war und dies nur eine Verwechslung mit der Frau eines Berliner Bekannten namens Steiner gewesen sein kann, der ich zu diesem Zeitpunkt meine Wohnung für einige Tage zur Verfügung gestellt hatte. Für diese Tatsache, daß meine Frau damals dort war, kann ich im Ausland jederzeit Zeugen anführen (deutsche Staatsbürger, die ohne weiteres vor Gericht eine beeidete Aussage darüber zu machen bereit sind).«[152]

Nachdem der CIC den SS-Hauptsturmführer Anton Burger »mehr oder weniger zufällig« unter den Internierten in Glasenbach entdeckt und ihn als Kriegsverbrecher aus der unmittelbaren Umgebung des dringend gesuchten Adolf Eichmann identifiziert hatte, sollte eine weitere Vernehmung folgen über seine Kontakte zu Eichmann über das Kriegsende hinaus.[153] Er sollte nun auch in einem anderen, besonders gesicherten Teil des Lagers untergebracht werden. Dieser Verlegung und weiteren Vernehmungen entzog sich Anton Burger am 19. Juni 1947. Der Boden unter den Füßen war ihm zu heiß geworden. Ein Loch im Zaun war seine Rettung. Er hinterließ einen Abschiedsbrief:

»An evtl. Interessenten!

Da ich mich in jeder Beziehung ungerechter Weise meiner Freiheit beraubt fühle und ich keinerlei Lust für eine weitere Festhaltung habe, blieb mir kein anderer Weg. Sobald geordnete Verhältnisse eintreten, werde ich mich selbst bei der österreichischen Behörde melden. Burger.«

Die Abkürzung »evtl.« hat Burger übrigens sein ganzes Leben lang beibehalten. Auch in seinem handschriftlichen Testament, das er 1990 als Wilhelm Bauer abfaßte, kürzte er das Wort auf dieselbe Weise ab.

Burger war im letzten Moment aus Glasenbach geflüchtet. Eine Woche zuvor hatte der CIC sich bereits mit dem Überstellungsersuchen des Landesgerichts für Strafsachen in Wien beschäftigt. Burger sollte in Wien vor Gericht gestellt werden. Diesem Antrag hat der CIC nicht entsprochen, denn: »Genannter ist zur Auslieferung von den tschechischen Behörden gewünscht, welche in diesem Falle den Vorzug haben.«[154] In den Genuß dieses Vorzuges sind die tschechischen Behörden nicht mehr gekommen: Burger war weg.

Bevor Burger am 6. Oktober 1947 in der Steiermark unter dem Namen Johann Anton Bauer eine Beschäftigung als Forstarbeiter fand, hat er noch einmal seine Frau in Altaussee getroffen. Das ergibt sich aus dem Brief Burgers an seine Mutter vom Februar 1955: »Als ich 1947 nach meiner Flucht aus Glasenbach meine Frau traf, erfuhr ich zu meinem Entsetzen, daß sie den Großteil jener Werte sowie die Spareinlagen verbraucht hatte.«[155]

Die »100-Dol.«, die Burger für seine Flucht benötigte, waren aber wohl noch da. Der Betrag von eintausend Dollar, den jeder bei der »Auflösung des Haufens« im Sommer 1945 in Altaussee bekommen hatte, war ein stattliches Vermögen. Wie viele Goldmünzen jeder erhielt und welchen Wert sie hatten, ist nicht bekannt. Aber allein der Wert der Devisen war beträchtlich. Es gab zwar einen offiziellen Umrechnungskurs, zu dem aber niemand Dollars verkaufte. Im Sommer 1945 lag der Schwarzmarktpreis für einen Dollar bei 300 Reichsmark. Um das an einem Beispiel deutlich zu machen: ein Haus am Kurfürstendamm in Berlin neben der Gedächtniskirche wurde damals einem Interessenten für 650 000 Reichsmark angeboten, zahlbar in Dollar, für etwas mehr als zweitausend Dollar also. Mit dem, was jeder der Eichmann-Männer im Sommer 1945 in Altaussee erhielt, hätte sich wahrscheinlich eine solide Existenz gründen lassen.

Die hundert Dollar, die Burger für seine Flucht zur Verfügung hatte, waren auch nicht wenig. Und da er aus dem Salzburger Land in die Steiermark geflüchtet war, werden die Fahrtkosten nicht hoch gewesen sein. Burger hat einen Teil dieses Geldes vermutlich für den Kauf eines Ausweises gebraucht.

Er war nun im Besitz einer Identitätskarte, ausgestellt in der russischen Zone Wien, von der Polizeidirektion Wien, vom Polizeikommissariat Semmering, mit der Nummer 13422/46. Dieser Ausweis, ausgestellt in in den Sprachen der Alliierten: deutsch, russisch, englisch und französisch, wies Burger nun aus als Johann Anton Bauer, geboren am 14. Juli 1911 in Wien, ledig, Kunstmaler. Er wird als 180 cm großer Mann mit ovalem Gesicht, braunen Augen und dunkelbraunen Haaren – ohne besondere Kennzeichen – beschrieben.[156] Das kam im übrigen der Personenbeschreibung von Anton Burger ziemlich nahe.

Den Namen Johann Anton Bauer hat Anton Burger bis Anfang 1951 benützt. Am 7. Oktober 1950 stellte das Standesamt Wien-Währing unter der Registernummer 43/12 auch noch die Geburtsurkunde des Johann Anton Bauer aus, Sohn von Anna Maria und Franz Bauer, beide römisch-katholisch, wohnhaft im 18. Wiener Bezirk.[157]

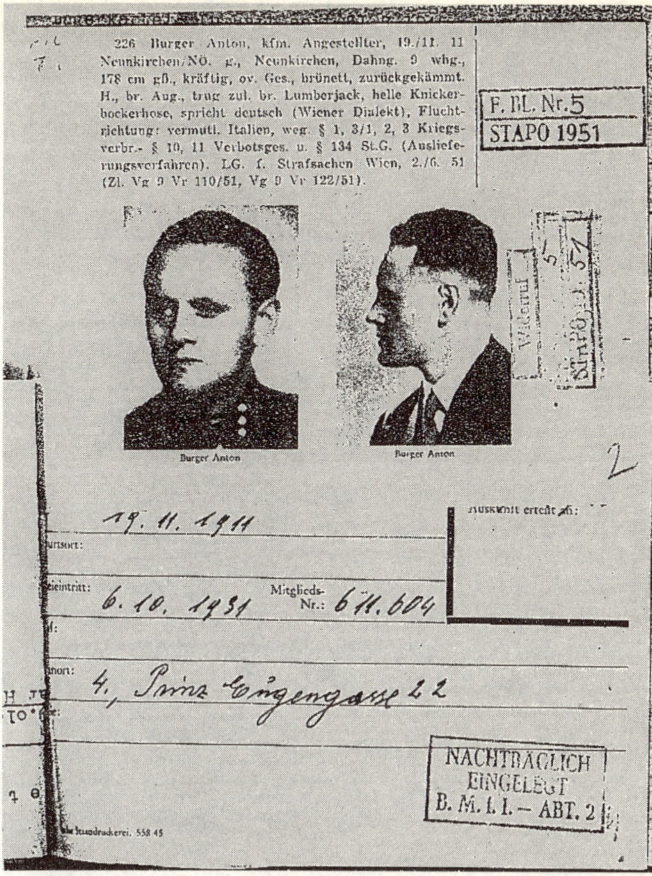
226 Burger Anton, kfm. Angestellter, 19./11. 11 Neunkirchen/NÖ. g., Neunkirchen, Dahng. 9 whg., 178 cm gß., kräftig, ov. Ges., brünett, zurückgekämmt. H., br. Aug., trug zul. br. Lumberjack, helle Knickerbockerhose, spricht deutsch (Wiener Dialekt), Fluchtrichtung: vermutl. Italien, weg. § 1, 3/1, 2, 3 Kriegsverbr.- § 10, 11 Verbotsges. u. § 134 St.G. (Auslieferungsverfahren). LG. f. Strafsachen Wien, 2./6. 51 (Zl. Vg 9 Vr 110/51, Vg 9 Vr 122/51).

F. BL. Nr. 5
STAPO 1951

Burger Anton
Burger Anton

19. 11. 1911
6. 10. 1931 Mitglieds-Nr.: 611.604
4., Prinz Eugengasse 22

NACHTRÄGLICH
EINGELEGT
B. M. f. I. – ABT. 2

Im österreichischen Fahndungsblatt der Staatspolizei wird Anton Burger 1951 gesucht.

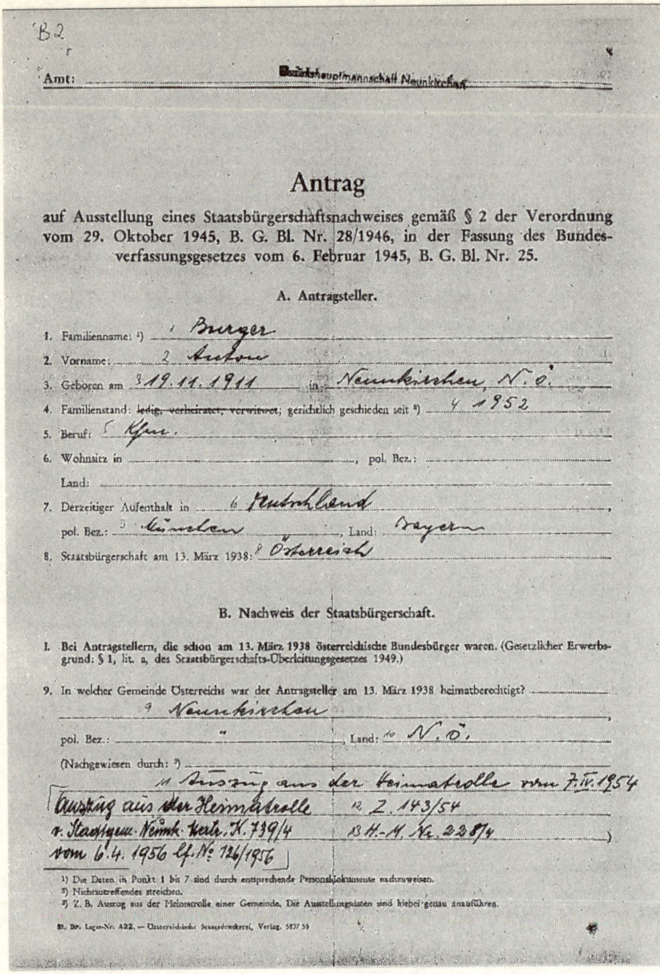
B2

Amt: Bezirkshauptmannschaft Neunkirchen

Antrag

auf Ausstellung eines Staatsbürgerschaftsnachweises gemäß § 2 der Verordnung vom 29. Oktober 1945, B. G. Bl. Nr. 28/1946, in der Fassung des Bundesverfassungsgesetzes vom 6. Februar 1945, B. G. Bl. Nr. 25.

A. Antragsteller.

1. Familienname: ¹) 1 Burger
2. Vorname: 2 Anton
3. Geboren am 3 19. 11. 1911 in Neunkirchen, N. Ö.
4. Familienstand: ~~ledig, verheiratet, verwitwet~~; gerichtlich geschieden seit ²) 4 1952
5. Beruf: 5 Kfm.
6. Wohnsitz in ...., pol. Bez.: ....
   Land: ....
7. Derzeitiger Aufenthalt in 6 Deutschland,
   pol. Bez.: 7 München, Land: Bayern
8. Staatsbürgerschaft am 13. März 1938: 8 Österreich

B. Nachweis der Staatsbürgerschaft.

I. **Bei Antragstellern, die schon am 13. März 1938 österreichische Bundesbürger waren.** (Gesetzlicher Erwerbsgrund: § 1, lit. a, des Staatsbürgerschafts-Überleitungsgesetzes 1949.)

9. In welcher Gemeinde Österreichs war der Antragsteller am 13. März 1938 heimatberechtigt?
   9 Neunkirchen,
   pol. Bez.: " , Land: 10 N. Ö.
   (Nachgewiesen durch: ³)
   11 Auszug aus der Heimatrolle vom 7. IV. 1954
   [Auszug aus der Heimatrolle 12 Z. 143/54
   v. Stadtgem. Neunk. Kartei K. 739/4 13 H.-M. Nr. 228/4)
   vom 6. 4. 1956 lf. Nr. 126/1956]

¹) Die Daten in Punkt 1 bis 7 sind durch entsprechende Personaldokumente nachzuweisen.
²) Nichtzutreffendes streichen.
³) Z. B. Auszug aus der Heimatrolle einer Gemeinde. Die Ausstellungsdaten sind hiebei genau anzuführen.

St. Dr. Lager-Nr. 422. — Österreichische Staatsdruckerei, Verlag. 5137 55

Anton Burger will 1956 wieder Österreicher werden.

g) durch **Antritt eines Lehramtes als Hochschullehrer** an einer **österreichischen Hochschule** (Nachweis durch das Anstellungsdekret): /

C. Allgemeines.

14. Hat der Antragsteller zwischen dem 1. Juli 1933 und dem 13. März 1938 etwa die deutsche Staatsangehörigkeit durch Einbürgerung erworben? 15 Bin nicht in der
16 Lage darüber Angaben zu machen, nachdem
17 mir 1945 sämtliche Dokumente verloren gingen

15. War der Antragsteller vor dem 1. Juli 1933 deutscher Reichsangehöriger und hat er die österreichische Bundesbürgerschaft zwischen dem 1. Juli 1933 und dem 13. März 1938 durch Verleihung erworben?

18 Nein

16. Hat der Antragsteller seit dem Erwerb der Staatsbürgerschaft, der oben nachgewiesen ist, die Staatsbürgerschaft wieder verloren?[1] /

17. Hat der Antragsteller eine Verurteilung wegen Verbrechens nach § 58 St. G. erlitten? /

18. **Allfällige Bemerkungen:** /

19 München, am 24. III. 1956

20 Anton Bürger

(Eigenhändige Unterschrift des Antragstellers (gesetzlichen Vertreters))

[1] Z. B. durch Erwerb einer fremden Staatsbürgerschaft oder durch Verehelichung mit einem Ausländer. Die durch Verordnung vom 3. Juli 1938, Deutsches R. G. Bl. I, S. 790, mit Stichtag 13. März 1938 erfolgte automatische Überleitung der österreichischen Bundesbürgerschaft in die deutsche Staatsangehörigkeit zählt nicht als Erwerb einer fremden Staatsangehörigkeit.

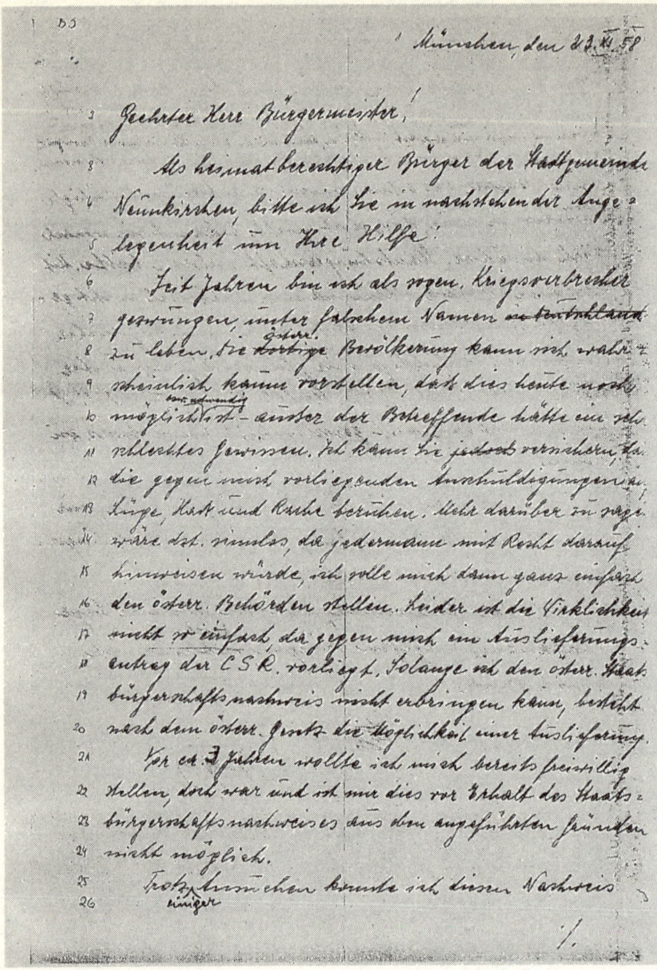
München, den 23.XI.58

Geehrter Herr Bürgermeister!

Als heimatberechtigter Bürger der Stadtgemeinde Neunkirchen, bitte ich Sie in nachstehender Angelegenheit um Ihre Hilfe:

Seit Jahren bin ich als sogen. Kriegsverbrecher gezwungen, unter falschem Namen ~~in Deutschland~~ zu leben. Die ~~dortige~~ österr. Bevölkerung kann sich wahrscheinlich kaum vorstellen, daß dies heute noch möglich ist – außer der Betreffende hätte ein schlechtes Gewissen. Ich kann Sie ~~jedoch~~ versichern, daß die gegen mich vorliegenden Anschuldigungen auf Lüge, Haß und Rache beruhen. Mehr darüber zu sagen wäre dzt. sinnlos, da jedermann mit Recht darauf hinweisen würde, ich solle mich dann ganz einfach den österr. Behörden stellen. Leider ist die Wirklichkeit nicht so einfach, da gegen mich ein Auslieferungsantrag der CSR. vorliegt. Solange ich den österr. Staatsbürgerschaftsnachweis nicht erbringen kann, besteht nach dem österr. Gesetz die Möglichkeit einer Auslieferung.

Vor ca. 3 Jahren wollte ich mich bereits freiwillig stellen, doch war und ist mir dies vor Erhalt des Staatsbürgerschaftsnachweises aus den angeführten Gründen nicht möglich.

Trotz einiger Ansuchen konnte ich diesen Nachweis

./.

Der Bürgermeister von Neunkirchen soll Anton Burger helfen, wieder Österreicher zu werden.

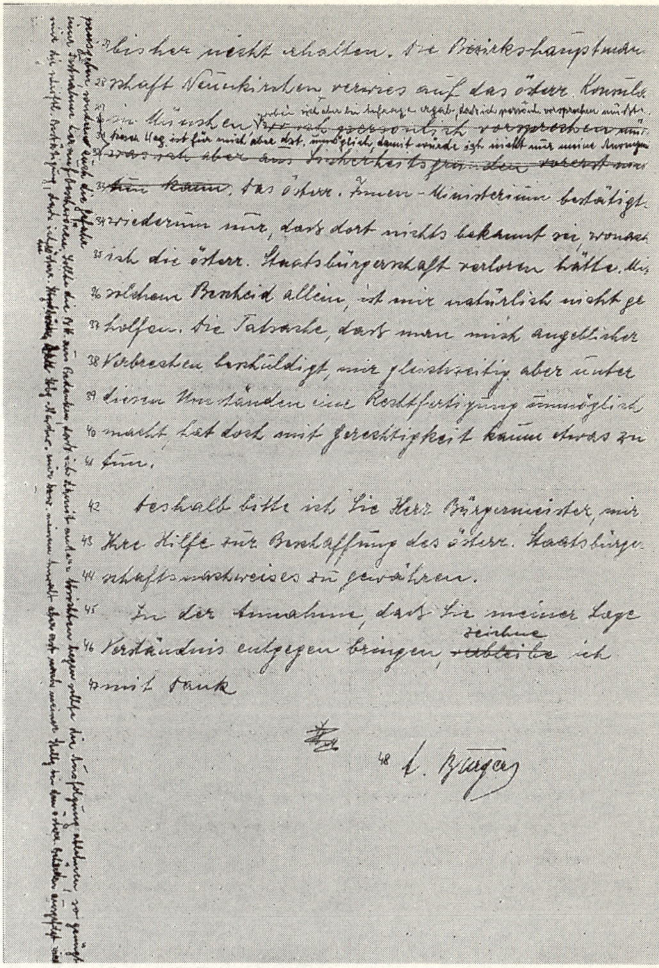
bisher nicht erhalten. Die Bezirkshauptmannschaft Neunkirchen verwies auf das österr. Konsulat in München ~~bei dem ich persönlich vorsprechen müs-~~ gebe ich aber die Anfrage ergab, daß ich persönl. vorsprechen müßte. Diese Weg ist für mich aber dzt. unmöglich, damit würde ich nicht nur meine Anwegen ~~wozu ich aber aus Sicherheitsgründen vorerst nur den Raum~~. Das österr. Innen-Ministerium bestätigt wiederum nur, daß dort nichts bekannt sei wonach ich die österr. Staatsbürgerschaft verloren hätte. Mit solchem Bescheid allein, ist mir natürlich nicht geholfen. Die Tatsache, daß man mich angeblicher Verbrechen beschuldigt, mir gleichzeitig aber unter diesen Umständen eine Rechtfertigung unmöglich macht, hat doch mit Gerechtigkeit kaum etwas zu tun.

Deshalb bitte ich Sie Herr Bürgermeister, mir Ihre Hilfe zur Beschaffung des österr. Staatsbürgerschaftsnachweises zu gewähren.

In der Annahme, daß Sie meiner Lage Verständnis entgegen bringen, ~~verbleibe~~ zeichne ich mit Dank

L. Burger

oben: Anton Burger, etwa 1949
unten: Der letzte Personalausweis von Wilhelm Bauer, alias Anton Burger, ausgestellt in Essen 1977.

Anton Burger mit Rolf Bartels beim gemeinsamen Urlaub 1977.

Anton Burger, alias Wilhelm Bauer, mit seiner Lebensgefährtin – verschollen in deutscher Gemütlichkeit, Ostern 1985.

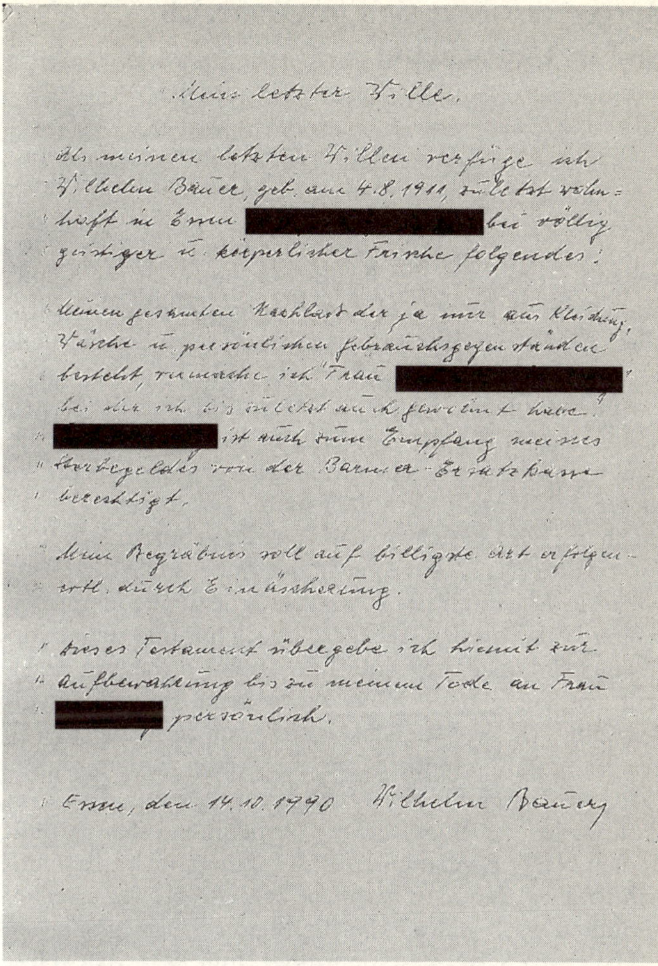

Mein letzter Wille.

Als meinen letzten Willen verfüge ich
Wilhelm Bauer, geb. am 4.8.1911, zuletzt wohn=
haft in Essen [redacted] bei völlig
geistiger u. körperlicher Frische folgendes:

Meinen gesamten Nachlaß der ja nur aus Kleidung,
Wäsche u. persönlichen Gebrauchsgegenständen
besteht, vermache ich Frau [redacted],
bei der ich bis zuletzt auch gewohnt habe.
[redacted] ist auch zum Empfang meines
Sterbegeldes von der Barmer Ersatzkasse
berechtigt.

Mein Begräbnis soll auf billigste Art erfolgen
evtl. durch Einäscherung.

Dieses Testament übergebe ich hiermit zur
Aufbewahrung bis zu meinem Tode an Frau
[redacted] persönlich.

Essen, den 14.10.1990 Wilhelm Bauer

Der letzte Wille eines Kriegsverbrechers.

Burger versteckt sich in Österreich und in Deutschland

Am 6. Oktober 1947 begann Johann Anton Bauer, genannt Hans, bei der Firma Matthäus Salzers Söhne, Stattersdorfer Papier-, Holzstoff- und Zellulosefabriken, eine Arbeit als Forstarbeiter in der Holzaußenstelle Mariazell im Bezirk Bruck an der Mur.

Erst viele Jahre später, im März 1961, hat die Sicherheitsdirektion für das Bundesland Steiermark ermittelt, daß möglicherweise ein Gesinnungsgenosse Burger zu dieser Arbeitsstelle verholfen hatte: »In diesem Zusammenhang wird berichtet, daß Karl P., geboren 9. 6. 1897 in St. Pölten (...) Verwalter in der Außenstelle der Firma Salzer in Mariazell ist. P. war bei Kriegsende als prominenter Nazi von den Arbeitern abgelehnt und daher vorübergehend als Parteiführer bei den Forstarbeitern eingeteilt worden. Später erfolgte wieder seine Verwendung als Verwalter. Da die Möglichkeit nicht von der Hand zu weisen ist, daß P. eventuell um die Person Bauers wußte, wurde er vorläufig zur Sache nicht befragt.«[158] Ob es dann später zu einer solchen Vernehmung des »prominenten Nazi« P. gekommen ist, weiß man nicht. Erstaunlich ist aber, daß man ihn nicht befragt hat, eben weil zu vermuten war, »daß er um die Person Bauers wußte«.

Die Firma Salzer bestätigte am 9. Juni 1951, daß »Herr Johann Bauer« bei ihr vom 6. Oktober 1947 bis zum 27. März 1951 als Forstarbeiter beschäftigt war. Sie hatte ihn bei der Gebietskrankenkasse Steiermark versichert und begründete seine Abmeldung mit »Stellungswechsel«. Tatsächlich hat Anton Burger alias Johann Bauer nicht bis zum 27. März 1951 bei der Firma Salzer gearbeitet, er wurde bereits am 9. März 1951 verhaftet. Der Arbeitgeber hat »Johann Bauer« vermutlich abgemeldet, als er merkte, daß der Forstarbeiter verschwunden war.

Bei seiner polizeilichen Anmeldung in Mariazell im Oktober 1947 gab Bauer an, er sei aus dem 11. Wiener Bezirk zugezogen. In Mariazell wohnte er in der Grazerstraße 15, zur Untermiete bei Fasching. Diese Familie betrieb in Mariazell den »Gasthof zum Mohren«. Mit einer der Wirtstöchter, Rosemarie Bauer, begann Burger ein Verhältnis. Simon Wiesenthal hat in den fünfziger Jahren den Behörden gegenüber den Verdacht geäußert, daß Burger in der Steiermark mit einer Frau Rosa Bauer zusammenlebe oder zusammengelebt habe. Ehe diese Mitteilung an die zuständigen Ermittlungsbehörden gelangt war, bestand dieses Verhältnis schon lange nicht mehr. Die Wirtstochter hatte 1942 in vierter Ehe den deutschen Soldaten Wilhelm Bauer aus Köln geheiratet. Nach dem Kriege war sie ihm für kurze Zeit nach Köln gefolgt, nach der Scheidung aber wieder nach Mariazell zurückgekehrt. Als sie Burger kennenlernte, hieß sie also Rosa Bauer.

Burgers Vorliebe für falsche Namen erstreckte sich aber nicht allein auf den Namen Bauer. Der Bremer Haftbefehl weist vorsichtshalber acht andere Namen aus, die meisten aus seiner Familie, einige aus den Ehen und der Familie von Rosa Bauer. Den Namen Bauer allerdings hat er am häufigsten benutzt, mit verschiedenen Vornamen und verschiedenen Geburtsdaten.

Wie lange die Beziehung zur Rosa Bauer hielt, ist nicht bekannt. Anton Burger hat in seinem Scheidungsverfahren – da war er allerdings nicht selbst anwesend, sondern äußerte sich aus seinem Versteck schriftlich – behauptet, die Beziehung habe 1948 nur wenige Wochen gedauert. Das Gericht hatte einen Rechtsanwalt beauftragt, der die Interessen des untergetauchten Kriegsverbrechers Burger in diesem Scheidungsverfahren vertreten sollte. In einem weinerlichen Brief vom 25. März 1952 an diesen »sehr geehrten Herrn Doktor« schrieb Burger, der »auf Umwegen« davon Kenntnis erhalten hatte, daß sich seine Frau scheiden lassen wollte: »(...) Wahrscheinlich wird meine Frau meinen sogenannten Seitensprung vom Jahre 1948 ins Treffen führen, dazu will ich folgendes ausführen: Es stimmt, daß ich mich damals auf kurze Zeit mit einer anderen Frau einließ, muß jedoch feststellen, daß ich gleich darauf mit meiner Frau eine Aussprache hatte, wonach die Angelegenheit für erledigt galt. Es ist daher unmöglich, daß dieser so viele Jahre zurückliegende und schon damals erledigte Vorfall jetzt vor Gericht in die Waagschale fallen kann.«[159]

Unabhängig davon, wie lange diese Beziehung gedauert haben mag, hatte Burger während seines Aufenthalts in Mariazell von 1947 bis 1951 immer Kontakt mit seiner Familie. Seine Mutter hat im Zuge des Scheidungsverfahrens sogar eine eidesstattliche Erklärung abgegeben, daß ihre Schwiegertochter, während diese von 1948 bis Anfang 1951 in Neunkirchen wohnte, »jeden Monat einmal das Wochenende mit ihrem Mann und meinem Sohn Anton Burger regelmäßig zusammentraf.«[160] Außerdem verbrachte Burger mit seiner Frau, nach Darstellung seiner Mutter, in den Jahren 1948, 1949 und 1950 jeweils einen zweiwöchigen Urlaub; an Feiertagen wie Weihnachten, Ostern und Pfingsten war die Familie ebenfalls zusammen.

Vom »Gasthof zum Mohren« in Mariazell und damit von Rosa Bauer zog Burger weg nach Aschbach bei Wegscheid, Gemeinde Gußwerk, nicht weit von Mariazell entfernt. Wann das war, ist nicht bekannt: Burger meldete sich in Wegscheid nicht polizeilich an. Die Sicherheitsdirektion für die Steiermark stellte in ihrem Bericht vom 28. März 1961 fest, »daß sich im Gebiet von Aschbach zahlreiche Holzknechtshütten befinden, die fallweise oder laufend von verschiedenen Holzarbeitern bewohnt werden, sofern sie in der Gegend mit Forstarbeiten beschäftigt sind«.[161]

Im Sommer 1950 war Anton Burger bei seiner Frau in Neunkirchen und hielt sich dort etwa acht Tage lang versteckt. Burger war mit seiner Identitätskarte auf den Namen Johann Bauer, aus der Steiermark kommend, an der Grenze zur russischen Zone von russischen Posten stundenlang festgehalten worden. Es wurde nach einem »Bauer« gesucht, mit dem Burger nicht identisch war. Hätten die Russen doch gewußt, wen sie da sechs Stunden lang verhörten.

Der Rückweg machte Burger Angst. Deshalb bat die Mutter A. S., einen Freund der Familie, den Anton Burgers Frau nach der Scheidung heiratete, ihren Sohn unbemerkt von den russischen Posten über die Demarkationslinie zu bringen. Gemeinsam fuhren Burger und A. S. gegen zehn Uhr abends vom Bahnhof Neunkirchen nach Semmering. Dort zeigte A. S. Burger einen Fußweg in der Nähe der Triester Bundesstraße. Auf diesem Weg flüchtete Burger zurück in die Steiermark. Seinem Fluchthelfer hatte er erzählt, er komme »aus Italien«.

Für den hilfreichen Freund, aber auch für die Mutter Burgers, hatte diese Hilfe Folgen: Die Staatsanwaltschaft Wiener Neustadt erhob gegen A. S. und Maria Burger am 11. Oktober 1951 Anklage:

»Anklageschrift gegen A. S. und Maria Burger.
Sie haben im Sommer 1950 in Neunkirchen
1. A. S.
der nachforschenden Obrigkeit, und zwar der Gendarmerie in Wiedereinbringung des wegen Verbrechens nach §§ 10 und 11 VG. verhaftet gewesenen und entwichenen Anton Burger durch Führung desselben über den Semmeringpaß in die Steiermark Hindernis gelegt
2. Maria Burger
die unter 1) genannte Übeltat durch Anraten vorsätzlich veranlaßt.
Hierdurch haben sie das Verbrechen des Vorschubes durch Hilfe zur Entweichung eines wegen Verbrechens nach § 217 StG, Maria Burger als Mitschuldige nach § 5 StG. begangen und sind hierfür nach § 218 StG. zu bestrafen.«[162]

A. S. mußte sogar in Untersuchungshaft. Er bestritt, gewußt zu haben, daß Burger als Kriegsverbrecher gesucht wurde. Von der Ehefrau Burgers wollte er zwar erfahren haben, daß Anton Burger »Nationalsozialist und höherer SS-Offizier« gewesen und aus dem amerikanischen Internierungslager geflüchtet sei, daß Burger jedoch als Kriegsverbrecher gesucht wurde, das habe er nicht gewußt.

Burger hatte nun Angst um den Bestand seine Ehe und machte sich Gedanken darüber, ob der Freund des Hauses wirklich nur ein Freund war. Im Februar 1951 tauchte Burger wieder bei seiner Frau auf. Seiner Mutter machte er schwere Vorwürfe, daß sie ihn nicht über die Beziehung seiner Frau zu A.S. informiert habe. Die alte Frau wußte von nichts. Burger führte sich jedoch so auf, daß ein herbeigerufener Arzt ihn in die Psychiatrische Klinik nach Wien einwies. Burger schrieb später seinem Rechtsanwalt, der ihn im Scheidungsverfahren vertrat: »Die niederträchtigste Gemeinheit leistete sie sich im Feber (...) als ich hinter ihr außereheliches Verhältnis kam und ich danach einen Nervenzusammenbruch erlitt. Kaltblütig belog sie damals den Arzt, worauf dieser mich in die Psychiatrie nach Wien einweist. Im Einweisungsbogen des Arztes war damals folgendes angegeben: ›Lebt in der Wahnidee, daß seine Frau ihn betrügt.‹«[163] Nach etwa einer Woche wurde Burger aus der psychiatrischen Klinik in Wien entlassen und kehrte sofort zu Frau und Mutter nach Neunkirchen zurück.

Am nächsten Tag wurde er verhaftet.

Am 7. März 1951 richtete die Sicherheitsdirektion Wien um 16.10 Uhr ein Fernschreiben an die Bezirkshauptmannschaft in Neunkirchen: »Der im StPFBl. (Staatspolizeiliches Fahndungsblatt, d. Verf.) Art. 1738/46, 1691/47, Nachtrag 14/47 und 17/48 zur Verhaftung ausgeschriebene Anton Burger, 19. 11. 1911 in Neunkirchen geb., soll sich nach Erhebungen der PD Wien in Neunkirchen, Dahngasse 9 aufhalten.«[164]

Um halb acht am Abend erschien die Gendarmerie an der angegebenen Adresse, fand den Gesuchten und verhaftete ihn. Unterwegs versuchte Burger zu flüchten: »Bei der Eskorte zum Posten, kurz vor der Postenstation, machte Burger einen Fluchtversuch. Die eskortierenden Beamten gaben zwei Alarmschüsse ab und konnten Burger nach ca. 500 m Nacheile wieder einbringen.«[165] Gegen 23 Uhr abends konnten sie den Gefangenen schließlich in der Haftanstalt beim Kriminalgericht Wiener Neustadt abgeben.

Burgers Mutter, die nun mit ihrer Schwiegertochter vollends verfeindet war, hat diese später beschuldigt, ihren Mann nach seiner Rückkehr aus der Psychiatrie bei der Polizei verraten zu haben.

Am 9. März 1951 machte der Richter beim Kreisgericht Wiener Neustadt den ersten Versuch, Burger zu vernehmen. Burger gab noch nicht einmal seine Personalien an, und der Richter vermerkte: »Der Besch. Burger macht den Eindruck eines Geistesgestörten, reagiert auf wiederholte Aufforderung, obige Verhängung der Verwahrungshaft zur Kenntnis zu nehmen, überhaupt nicht. Er blickt starr vor sich hin, dann stützt er seinen Kopf in beide Hände. Er antwortet auf keine Frage, die an ihn gerichtet wird. Nach Angaben des Gefangenenhausarztes Dr. Nindl besteht der Verdacht, daß der Besch. ein Simulant ist.«[166] Drei Tage später notierte der Richter dann, der Beschuldigte mache »heute einen ganz normalen Eindruck«.

Am 21. März wurde der Gefangene Burger dem Landesgericht für Strafsachen in Wien überstellt, samt der »in Verwahrung genommenen Gegenstände«: Bargeld S 21,52 und zwei Schnüre.[167] Erst am 31. März wurde er dort vernommen. In der Zwischenzeit ist er nicht erkennungsdienstlich behandelt worden, nicht einmal Fingerabdrücke hat man ihm abgenommen. In seiner Vernehmung hat Burger seine Taten heruntergespielt, er hat auch gelogen, und besonders intensiv hat er versucht, die

Legende aufrechtzuerhalten, er sei nach seiner Flucht aus Glasenbach »nach Italien« gegangen. Daß er in einer Holzknechtshütte in der Steiermark als Forstarbeiter gelebt hat, wird dem SS-Hauptsturmführer Anton Burger peinlich gewesen sein.

Am 3. April wurde die Vernehmung fortgesetzt. Burger erklärte, warum er anfangs einen seltsamen Eindruck auf Richter und Gefangenenhausarzt gemacht hatte: »Nach meiner Rückkehr nach Österreich befand ich mich ca. eine Woche in der Psychiatrischen Klinik, in Wien 9, Lazarettgasse. Ich hatte damals einen Nervenzusammenbruch. Nach meiner Inhaftnahme war ich mit meinen Nerven total herunter, so daß ich mich nicht einmal erinnern konnte, daß mich meine Frau im Gefangenenhaus in Wiener Neustadt besuchte. Ich habe damals nicht simuliert. Derzeit fühle ich keine Beschwerden.«[168]

Burger scheint trotz der ihm zur Last gelegten schweren Taten wie Mord, Raub, Erpressung, Mißhandlung und Diebstahl nicht besonders scharf bewacht worden zu sein: Sechs Tage später flüchtete er morgens um neun Uhr aus dem Gefangenenhaus Favoriten des Landesgerichts für Strafsachen in Wien. Das Fahndungsersuchen an das Bundesministerium für Inneres enthielt folgende Personenbeschreibung:

»Größe: 1,78
Haarfarbe: brünett
Haartracht: zurückgekämmt
Augenfarbe: braun
Gestalt: kräftig
Gesichtsform: oval
Nase: gerade
Mund: normal
besondere Kennzeichen: keine
Sprachkenntnisse (Dialekt): deutsch, Wiener Dialekt
Bekleidung: brauner Lumberjack, helle Knickerbockerhose.«[160]

Als Fluchtrichtung wurde Italien vermutet. Burger

hatte schließlich auch immer wieder darauf verwiesen, daß er sich in Italien aufgehalten habe, was zu der von ihm behaupteten Zeit ganz gewiß nicht der Fall war. Er setzte sich diesmal in Richtung Deutschland ab. Von dort schrieb er im Juni 1951 an seine Schwiegereltern einen Brief, weil er fürchtete, daß seine Frau sich scheiden lassen wollte. Die Schwiegereltern sollten ihre Tochter beeinflussen, die Ehe nicht aufzugeben. Als »Toni Steiner, München, Rosenheimer Straße 24 a« – eine Anschrift, die es heute nicht gibt und vielleicht auch nie gegeben hat – schrieb Burger an die »lieben Schwiegereltern«, voller Gehässigkeit über seine Frau und voller Wehleidigkeit über sich. Seiner Frau sprach er »jede sittliche Moral« ab: »(...) Noch liegt es an ihr, das Rad herumzureißen. Versäumt sie diese, ihre letzte Bewährungsfrist, dann nimmt das Schicksal seinen Lauf. (...) Eines müßt ihr bedenken, daß ich heute mit meinen 40 Jahren nicht daran denke, auf meine Familie zu verzichten, entweder lebt diese mit mir weiter oder geht mit mir zugrunde. Ich war Gründer derselben und lasse mich auf keinen Fall nach gründlicher Ausnutzung einfach beiseite schieben. Es ist dies mein letzter Appell, sollte der auch umsonst sein, bleibt mir nur ein letzter Ausweg, dafür trage ich aber keine Verantwortung. Ich schwöre Euch, daß ich vor nichts zurückschrecken werde, man wird mich nicht mehr täuschen können. Man möge keinen Tag verstreichen lassen, es könnte zu spät sein, meinerseits habe ich hiermit alles versucht und getan, um eine Katastrophe zu verhüten. Vor meiner Abreise (gemeint ist die Flucht aus dem Gefängnis in Wien, d. Verf.) habe ich noch eine kleine Maßnahme fürs erste getroffen, aber glaubt mir, die endgültige Verrechnung so oder so, die nehme ich selbst vor.«[170]

Große Worte und Drohgebärden für einen, der sich versteckt hielt und sich um Frau und zwei kleine Jungen nicht kümmerte. Große Worte auch für einen, der weder Verantwortung für seine Taten noch für seine Familie übernommen hatte, nachdem er aus Glasenbach geflüchtet war.

Die Schwiegereltern ließen sich von den Drohungen Burgers nicht einschüchtern. Sie übergaben den Brief der Polizei. Er landete in den Strafakten des Wiener Landesgerichts für Strafsachen und wurde 1968 als Kopie der Staatsanwaltschaft Bremen zur Verfügung gestellt. Da existierte der Haftbefehl wegen Mordes gegen Burger bereits.

Noch ein letztes Mal war Burger am 18. Juli 1951 in Neunkirchen bei seiner Frau erschienen. Womöglich hatte er da vor, die im Brief an seine Schwiegereltern angedrohte »endgültige Abrechnung« vorzunehmen. Dennoch: die Ehe war nicht mehr zu retten. Burger war wütend, er wollte sich nicht scheiden lassen, er leugnete die Zerrüttung seiner Ehe und beschuldigte auch in den späteren Jahren seine Frau in Briefen an sie und an seine Mutter, sie, die Ehefrau, habe ihn »in die Fremde getrieben«. Nicht seine Feigheit, sich der Justiz zu stellen und die Verantwortung für seine Taten zu übernehmen, war der Anlaß, »in die Fremde« zu gehen. Es war seine Frau.

Seine Frau hat das letzte Zusammentreffen mit ihrem Mann in Neuenkirchen in einer späteren Vernehmung wegen der Beihilfe zur Flucht 1950 über den Semmering so geschildert: »Er hat (...) knapp nach 21 Uhr an die Tür geklopft und mit verstellter Stimme gesagt: ›Frau Burger, ein Telegramm.‹ Ich öffnete hierauf das unmittelbar neben der Tür befindliche kleine Gangfenster und sah plötzlich meinen Mann am Gang stehen. Er faßte mich sofort beim Handgelenk und sagte, daß ich die Tür öffnen soll. Ich sagte damals, daß ich die Tür nicht öffne, er solle zu seiner Mutter gehen. Er wollte mich zum Fenster näher hinziehen, worauf ich zu schreien begann. Er zog daraufhin eine Pistole und sagte: ›Wirst du ruhig sein, wirst du ruhig sein‹, nach diesen Worten bin ich ohnmächtig zusammengebrochen. Als ich wieder zu mir kam, habe ich von meinem Gatten nichts mehr gesehen.«[171]

Frau Burger fürchtete sich von da an, allein in ihrer Wohnung zu schlafen. Die Gendarmerie schickte ihr für eine Nacht Polizeischutz. Zwei Tage später übermittelte ihr Burger die Aufforderung, sie solle seine Sachen in einen Koffer packen und bei ihrer Schwiegermutter abgeben. Da verständigte sie die Polizei und übergab dem Gendarmerieposten Neunkirchen zwei Koffer mit Burgers Sachen. Sie wurden der Stadtgemeinde Neunkirchen zur Verwahrung übergeben. Die Beschlagnahmebestätigung wies folgende Gegenstände Burgers aus: »Zwei braune Lederkoffer mit folgendem Inhalt: zwei weiße Leinenhosen (Unterhosen), zwei Segelleinenrucksäcke, ein Paar schwarze Lederschaftstiefel, ein Stiefelzieher, ein Fellfäustling, eine grüne Drillichhose, drei Wollschals, eine Offizier-Stiefelhose, eine amerikanische Arbeitshose, eine Offiziersbluse ohne Ärmel, ein Paar Turnschuhe (Leinen), ein Paar Lederhausschuhe, eine Kapuze, ein Pelzkragen, drei Meter Anzugstoff, drei Selbstbinder, ein Paar Knieschützer, ein Pullover ohne Ärmel, sechs Paar Socken, eine Schutzbrille, ein Ledergürtel, ein Hosenträger, ein Paar Sockenhalter, ein Stück amerikanischer Uniformstoff.«[172] Das war die ganze Hinterlassenschaft Anton Burgers bei seinem Verschwinden aus Neunkirchen.

Nach seiner Flucht aus dem Gefangenenhaus Favoriten war es Burger wieder gelungen, sich falsche Papiere zu beschaffen. Er hieß jetzt Franz Bauer, geboren am 2. Januar 1912 in Wien. Nach seinem vermutlich nur kurzen Aufenthalt in Deutschland ging er nach Salzburg. Dort meldete er am 4. Oktober 1952 seinen neuen Wohnsitz an: Salzburg-Aigen, Raphael-Donner-Straße 15, bei Baumeister Sepp Fröhlich. Bei ihm fand er sogar eine Beschäftigung als Buchhalter. Nach seiner Lohnsteuerkarte für das Jahr 1953 bezog er vom 7. Januar bis zum 27. Februar einen Arbeitslohn von insgesamt 1947,67 ÖS, er entrichtete eine bescheidene Lohnsteuer und einen Beitrag zur gesetzlichen Sozialversicherung. Er hatte ein

Urlaubsbuch. Und er bekam am 26. Januar 1953 auch einmal Post, von einem Dr. jur. Erwin Daub aus Salzburg, der den »sehr geehrten Herrn Bauer« aufforderte, am folgenden Tag zwischen vier und fünf Uhr nachmittags bei ihm vorzusprechen. Die Identitätskarte auf den Namen des Kaufmanns Franz Bauer, geboren am 2. Januar 1912 in Wien, wohnhaft im zweiten Wiener Bezirk in der Taborstrasse 54, ist ein Duplikat mit der Nummer Lp. 96.863/50. Sie ist ausgestellt – jedenfalls angeblich – von der Polizeidirektion Wien am 15. Januar 1950. Das Paßfoto Anton Burgers ziert diese Identitätskarte.[173]

Bei Baumeister Fröhlich hat Burger nur sieben Wochen gearbeitet. Die Tochter des inzwischen verstorbenen Fröhlich weiß noch ganz genau: »Herr Bauer hatte Schwierigkeiten. Mein Vater hat ihn mehr oder weniger versteckt. Sie kannten sich entweder aus dem Krieg oder aus dem Lager. Er hat in einem Kammerl in der Baracke gewohnt. Bei uns hat er nur etwa sieben Wochen gearbeitet. Wir haben nie mehr von ihm gehört.«[174] Beim Einwohnermeldeamt Salzburg wurde Franz Bauer aber erst 1958 abgemeldet, und zwar nach Wien.

So lange war Burger alias Bauer nicht in Salzburg. Er hat Anfang der fünfziger Jahre alles mögliche versucht, sich irgendwo ein Versteck zu suchen. Ein Briefwechsel mit einer Frau namens Saida Ortner aus Kairo belegt, daß er gern in den Nahen Osten gegangen wäre. Diese Frau hat ihm zweimal auf seine Briefe geantwortet, am 7. Juni 1952 schrieb sie, der deutschen Sprache nicht ganz mächtig, an den »lieben Kameraden«: »Es tut mir furchtbar leid Ihnen nicht effektiv gleich helfen zu können. Wirklich hätte ich sehr viel gegeben es zu können aber gerade heute fühle ich mich zu Haus wie in einem großen und gemütlichen Gefängnis. Die Leute die ich als Freunde kannte sind alle zurückgezogen. Ich habe sehr viel über Ihren Fall gesprochen und Ratschläge verlangt und wir alle glauben daß es das Beste wäre Sie an einen arabischen Konsulat zu Auswanderung und Arbeit zu wenden und auch an Pakistan und Sud Amerika. Sie brauchen manchmal Leute weil sie weniger Techniker als wir haben. Auf jeden Fall wenn ich eine Idee haben würde, schreibe ich wieder wenn Ihnen etwas Gutes gelungen wäre lassen Sie es mich wissen. Ich bin sehr traurig Ihnen diesen Brief schreiben zu müssen und ich verbleibe bei Ihnen durch Gedanken und Wünsche. Ihre Kameradin Saida.«

Burger schien nicht lockergelassen zu haben, er wollte weg aus Europa. Aber Saida Ortner, die ihm am 18. Oktober 1952 einen weiteren Brief beantwortete, konnte nicht helfen: »Lieber Kamerad, Ich habe auch Ihren Brief sehr spät empfangen, weil ich in Italien für einen Congress gewesen bin. Ich antworte ihm auch mit Verspätung weil ich noch nicht fertig bin mit meiner Arbeit nach dem Congress, Berichte schicken u.s.w. Ich hatte auch sehr viele Schwierigkeiten die mich sehr bitter machen, weil während ich so fleissig und erfolgreich für die Heimat arbeitete, eifersüchtige Leute mit mehr Sympathie als ich für ausserhalbe Zivilisationen mich zu untergraben beschäftigt sind und waren. Sie kennen mich doch, ich will die Aufwahrung unserer Zivilisation und auf keinen Fall die Nachahmung einer anderer weil die Nachahmung nur die Arbeit eines Affen ist.

Mit Gottes Hilfe werde ich vielleicht einmal für meine Kameraden endlich eine Hilfe werden? Auf jeden Fall vergesse ich keinen von euch. (...) Ich hoffe für Sie, daß es Ihnen besser geht. Schreiben Sie mir bitte ab und zu. (...) Tausende herzliche Grüsse und Wünschen von Ihrer Kameradin Saida.«

Die Kameradin Saida, die so viel Wert auf die Reinerhaltung der Zivilisation legte, schrieb ihrem »lieben Kameraden« über eine Deckadresse. Die gehörte damals, 1952, einem Ehepaar, das im Bayerischen Wald eine Fahrschule betrieb. Die beiden leiteten die Briefe an Burger weiter und versahen sie auf dem geschlossenen Umschlag mit »Freundl. Gruß!« und ihren beiden Unterschriften. Eine Frau Marion S. aus Maria Enzersdorf bei Wien war ebenfalls eine der vielen Deckadressen von Burger. An ihre Anschrift schrieb Frau Lindgard Richter an den »lieben Herrn Bauer« im Dezember 1953. Lindgard Richter bereitete sich damals mit ihrem Mann, einem ehemaligen SS-Mann aus Prag, und ihren Kindern auf die Auswanderung nach Kolumbien vor und versprach, Burger werde von ihnen hören. Mit lieben und herzlichen Grüßen verabschiedete sich die Frau des SS-Mannes.

Was immer Burger in den Jahren 1952 bis Ende der fünfziger Jahre versucht hat, um Deutschland oder Österreich zu verlassen – von Erfolg war es nicht gekrönt. Eine Auswanderung hat nicht geklappt.

Und am 5. Dezember 1952 wurde Burgers Ehe rechtskräftig geschieden. Seine Frau hatte die Scheidung eingereicht und zur Begründung erklärt, die häusliche Gemeinschaft bestehe seit mehr als drei Jahren nicht mehr und die Ehe sei deshalb unheilbar zerrüttet. Dem ist das Gericht gefolgt. Es hat festgestellt, daß die letzte gemeinsame Wohnung des Ehepaares Burger sich in Brünn befand. Die Klägerin sei nach Burgers Flucht aus Glasenbach nicht bereit gewesen, mit ihm unter falschem Namen in der Steiermark zu leben und dort eine Schutzhütte zu betreiben. Das Gericht stellte außerdem fest, daß Burger seit 1951 weder für sie noch für seine beiden Söhne gesorgt habe. Die häusliche Gemeinschaft bestehe nicht mehr.[175] Da half auch die eidesstattliche Versicherung seiner Mutter Maria nicht mehr, die Eheleute hätten Urlaube, Feiertage und auch häufig die Wochenenden miteinander verbracht.

Hilfe hat Burger immer wieder gefunden, Hilfe von Menschen, die seine Post beförderten, die ihn versteckten, die ihm bei der Beschaffung von Papieren behilflich waren, auch wenn es nur ein Führerschein war.

Die effektivste Hilfe erhielt Burger von einem Mann, der nach dem Krieg in München lebte: Rudolf, genannt Rolf, Bartels. Die Beziehung zwischen Burger und Bartels war in mehr als einer Hinsicht rätselhaft. Bartels starb

1982 in München. Bis zu seinem Tode hatte er Kontakt mit Burger. Er wußte immer, spätestens seit Anfang 1953, wo Burger war, und er hat immer seine Hand über ihn gehalten.

Alte Kameraden als Helfer im Untergrund

Rolf Bartels, am 29. 12. 1907 in Dresden geboren, arbeitete bei der Zentralstelle für jüdische Auswanderung in Prag. Dort verwaltete er unter anderem das geraubte und beschlagnahmte jüdische Eigentum. Von Prag aus wurde auch das Lager Theresienstadt beliefert.

»Es existierte die prinzipielle Bewilligung, das Ghetto (...) mit den ›notwendigsten‹ Dingen von Prag aus zu versorgen, und zwar teils durch Einkäufe, deren Kontrolle der Zentralstelle vorbehalten war, teils aus Beständen der KG (Kultusgemeinde, d. Verf.). Unter dem Deckmantel (...) des ›Notwendigsten‹ wurde, was irgendwie auf legalem und meist illegalem Wege erreichbar war, in maximalen Mengen aufgekauft und hinausgeschafft. Man kann ermessen, wie es bei dem Notstand in Theresienstadt zugegangen wäre, wenn das Lager nur strikt legal oder gar ausschließlich bloß durch die SS versorgt worden wäre. Unter ständiger Fälschung des Budgetvoranschlages erkämpfte Friedmann Geld vom ›Auswanderungsfonds‹. All dieses wäre jedoch nicht möglich gewesen, wenn die KG nicht durch die Mithilfe des SS-Mannes Bartels unterstützt worden wäre. Er war der einzige SS-Mann, der in all den Jahren illegale Hilfe leistete. Die Motive für sein Handeln hat Friedmann nicht mitgeteilt, sie blieben daher unbekannt. Bei der Gestapo lief eine Anzeige einer pharmazeutischen Firma (...) gegen Bartels ein, daß er eine unverhältnismäßige Menge von Medikamenten für Judenzwecke bewillige. Bartels war nämlich bei der Gestapo Referent für Wirtschaftssachen (...) und für die Versorgung von Theresienstadt von der Gestapo aus verantwortlich. Bartels wandte sich ziemlich ratlos an Friedmann. (...) Friedmann setzte ihm den Brief an die pharmazeutische Firma auf, in welchem er erklärte, er wäre augenblicklich bereit, die (...) Versorgung des Ghettos mit Medikamenten (...) der Firma zu überlassen, wenn dieselbe ihm schriftlich die Erklärung abgebe, daß sie die Verantwortung für die Verhütung von Epidemien, die keine rassischen Grenzen anerkannten, übernehme. Die Sache wurde auf diese Weise applaniert.

Im Zusammenhang mit SS-Mann Bartels noch folgendes. Einige Monate nach Beginn der Deportationen gingen von der Wirtschaftsgruppe um Bersch (Wirtschaftsreferent des ›Reichsprotektors‹) herum Tendenzen aus, die Deportierung der Juden einzustellen und sie (...) im Rahmen des allgemeinen Arbeitseinsatzes einzusetzen. Es waren gewiß keine humanen Erwägungen, die zu dieser Einstellung führten, entweder wollten die (...) die billige Arbeitskraft (...) für ihren internen Markt nicht verlieren oder es war die prinzipielle Opposition gegenüber der Gestapo. Die Wirtschaftsgruppe Bersch brauchte Material, um die ›Unrentabilität‹ der Extermination der Juden nachzuweisen. Bartels hatte Kontakt zu dieser Gruppe (...) und Friedmann lieferte das statistische und sonstige Material als Unterlage für die Verhandlungen, die sich in regelmäßigen Abständen zwei oder dreimal wiederholten. Die Spannung, die Friedmann – er wurde durch Bartels auf dem laufenden gehalten – durchmachte, läßt sich schwer beschreiben.«[176]

Zunächst kam Bartels nur von Zeit zu Zeit nach Theresienstadt, wo sich Waren aus beschlagnahmten jüdischen Geschäften befanden. Eine ehemalige Schreibkraft aus der Kommandantur, damals achtzehn Jahre alt, erinnert sich noch heute an »riesige Ballen der herrlichsten Stoffe«. Kurze Zeit nachdem die Transporte in Theresienstadt angekommen waren, erschienen auch SS-Leute von der Vermögensverwaltung der Zentralstelle aus Prag. Die ehemalige Telefonistin, Frau E. S., »Je nachdem, woher die Transporte kamen, wußte man: es waren ›reichere‹ oder ›ärmere‹ Transporte.« In der sogenannten »Schleuse« wurden den Ankommenden in einer brutalen und demütigenden Prozedur alles abgenommen, was sie mitgebracht hatten. Nur die Eheringe durften die Frauen behalten. Starb der Mann, mußte die Witwe auch den Ring abliefern. Das Ergebnis dieser Ausplünderung waren riesige Werte, die die Zentralstelle für jüdische Auswanderung zunächst von Prag aus »verwaltete«. Dann bekam Rolf Bartels ein ständiges Büro und ein Zimmer in Theresienstadt und wurde dort Verwaltungsleiter. Seine Wohnung in Prag behielt er bei.

Es gibt offenbar keinen einzigen Zeitzeugen, der über Bartels Nachteiliges zu berichten wüßte. Die ehemalige junge Schreibkraft auf der Kommandantur, Frau W. K., hatte mit ihren jeweiligen Chefs höchst unterschiedliche Erfahrungen. Wurde sie zum Schreiben von Protokollen zum Lagerinspekteur Bergel gerufen, dann wurde sie Zeugin brutaler Mißhandlungen. Daß auf der Kommandantur geprügelt und geschlagen wurde, war unter den Schreibkräften und Telefonistinnen allgemein bekannt. Die junge Frau hatte aber den größten Teil ihrer Arbeit für Bartels, in dessen Vorzimmer sie saß, zu verrichten. »Er war ein richtig vornehmer Herr, ein anständiger Mensch«, sagt sie heute. Anders als die anderen Mitglieder der Kommandantur trug er Zivilkleidung anstelle der SS-Uniform. »Bei ihm gab es kein Geschrei und Gebrüll. Wenn Abgesandte des Judenältesten kamen, dann wurde gesprochen wie unter Menschen. Er hat die Juden nicht anders behandelt als uns«, erinnert sie sich, »er war ein anständiger Kerl.«[177] Frau E. S. hatte mit Bartels häufig Spaziergänge unternommen, wenn die SS Saufgelage im Kasino veranstaltete, an denen Bartels prinzipiell nicht teilnahm. So hat sie ihn einmal gefragt: »Wie kommen ausgerechnet Sie zur SS und dann noch zum SD?« Bartels erzählte ihr, daß er nach dem Tode seines Vaters das Medizinstudium abbrechen mußte, weil kein Geld mehr da war. Da habe man ihm dann in Aussicht gestellt, daß er nach dem Krieg sein Studium auf Kosten des Staates zu

Ende machen könne, wenn er in die SS eintrete. So sei er dazu gekommen. Wahrheit oder Legende? Bartels jedenfalls stand in dem Ruf – und zwar auch bei den Häftlingen, soweit sie Kontakt mit ihm hatten –, daß er sich seine Menschlichkeit bewahrt habe.

An Burger erinnerte sich auch die Schreibkraft aus der Kommandantur, Frau W. K.: »Er war ein brutaler Kerl. Wie er ging, wie er sprach, alles das drückte Gewalttätigkeit aus. Wir hatten alle Angst vor ihm.«

Die ehemalige Telefonistin, Frau E. S., war im Mai 1942 zur Strafe nach Theresienstadt versetzt worden, weil sie bei der »Dienstpost« in Prag eine Kollegin geohrfeigt hatte, die sie beleidigt hatte. Ende August 1943 gelang es ihr, zurückversetzt zu werden, und zwar in die Nähe ihrer Heimatstadt, nach Stuttgart zum Fernamt. Frau E. S. hatte also nicht nur den ersten Kommandanten Seidl erlebt, sondern zwei Monate lang auch noch Burger.

Die Angestellten in Theresienstadt hatten strenge Verhaltensmaßregeln zu befolgen. Sie durften das »Ghetto« nicht betreten, sie mußten über alles, was sie in Theresienstadt sahen, strengstes Stillschweigen bewahren. Zu Seidls Zeiten war Frau E. S. mehrfach ins Lager gegangen: »Es war zu jener Zeit auch noch nicht so hermetisch abgeriegelt. Ich bin, obwohl es verboten war, etliche Male dort gewesen und bin von einem Entsetzen ins andere gefallen. Wie man dort die Menschen zusammengepfercht hat, unter welchen unsagbaren Umständen sie leben mußten, das kann man nicht beschreiben. Seidl hat mir gegenüber diese unmenschlichen Zustände immer damit begründet, daß Theresienstadt ja noch ›im Aufbau‹ wäre und daß es sich mit der Zeit bessern würde. Als Burger kam, habe ich mich nicht mehr ins Lager getraut. Burger hatte man zu fürchten.«[178] Frau E. S. hatte versucht, wo immer es ging, Häftlingen Essen zuzustecken. Das waren vor allem Häftlinge, die als Dienstpersonal im »Kameradschaftsheim« ständig oder zeitweise gearbeitet haben. Nach dem Kriege hat der CIC das auch überprüft und Frau E. S. bestätigt, daß sie sich in Theresienstadt anständig verhalten habe.

Trotz der unterschiedlichen Charaktere entstand nach dem Krieg eine enge Verbindung zwischen Rolf Bartels und Anton Burger.

Bartels hatte sich sofort nach dem Kriege bemüht, ehemalige Kollegen und Mitarbeiter ausfindig zu machen. Bereits 1949 hat er Frau E. S. in der Nähe von Stuttgart gefunden und sie besucht. Bei diesem Treffen erzählte er ihr, die bereits Ende August 1943 aus Theresienstadt weggegangen war, daß die Häftlinge, die als »Dienstpersonal« im Kameradschaftsheim beschäftigt waren, alle ermordet worden seien. Sie wurden nach Auschwitz deportiert oder, so vermutet Frau E. S. heute, auf der »Kleinen Festung« umgebracht. Seit seinem ersten Besuch 1949 bestand ein loser Kontakt zwischen ihr und Bartels.

Aber auch mit der ehemaligen Freundin Burgers und deren Ehemann, die im Bayerischen Wald wohnten, hielt Bartels Verbindung. Am 9. August 1953 schrieb Rolf Bartels aus München einen Brief an diese Frau:

»Liebe Frau A.! Ein Verzeichnis alter Prager sollte schon längst weitergesandt sein. Diese Anschriften könnten gelegentlich der Anmeldung für den Lastenausgleich (Gehaltsbescheinigungen usw.) von Bedeutung sein. Mit den angekreuzten stehe ich in Verbindung und habe sie teilweise wiedergesehen. Viele haben es sehr schwer gehabt, aus dem Wirrwarr heil herauszukommen. Die Schicksale der Wiener werden Ihnen bekannt sein, dem einen wünsche ich endlich Ruhe und wirtschaftlichen Erfolg. Ich nehme an, daß es Ihnen gut geht, grüßen Sie bestens Ihren Mann, den ich wohl in München kennenlernte. Bitte, bestätigen Sie dieses Schreiben gelegentlich. Mit den besten Grüßen, Ihr Bartels.«[179]

Dann folgten 19 Namen von ehemaligen Mitarbeitern in der Zentralstelle und in Theresienstadt und ihre Anschriften im Jahre 1953. Da fehlt weder der SS-Hauptsturmführer und Wirtschaftsleiter aus Bremen noch die Köchin mit ihrer Mutter, von allen »Omi« genannt, aus Regensburg. Einer der neunzehn Namen gehörte einem Mann, der 1953 im Passauer Rathaus laut Bartels' Liste der »Wohnungs- und Flüchtlingskommissar« war.

Die Wiener, von denen Bartels sprach, werden die beiden verurteilten und hingerichteten Kommandanten Siegfried Seidl und Karl Rahm gewesen sein, der eine, dem er »endlich Ruhe und wirtschaftlichen Erfolg« wünschte, ist ohne Zweifel Anton Burger. Um dessen Erfolg hatte sich Bartels kurz zuvor, wenn auch erfolglos, sehr bemüht.

Er hatte Frau E. S. besucht und sie gefragt, ob sie für Burger – der noch immer versteckt lebe – Arbeit beschaffen könne. Zu dieser Zeit arbeitete Frau E. S. in der Telefonzentrale eines großen Karosseriewerkes. Sie hatte in der Zwischenzeit geheiratet, war geschieden worden und lebte allein mit ihrem kleinen Sohn.

Im Preßwerk des Karosserieherstellers wurden drei Schichten gefahren, es wurden ständig Arbeitskräfte benötigt. Es wurden sogar Unterkünfte gebaut, damit auswärtige Arbeiter eine Bleibe hatten. Die Arbeit war schwer und schmutzig, wurde »aber wenigstens anständig bezahlt«. So sagte Frau E. S. zu, beim Produktionsleiter der Firma nach einem Arbeitsplatz für Burger zu erkundigen. Warum sie sich für den Mann, den sie verachtete, einsetzen wollte, erklärt sie sich heute so: »Ich habe es wegen Bartels getan.«[180]

Kurze Zeit später rief Bartels sie an und fragte, ob sie »schon etwas unternommen« habe. Sie sagte, Burger könne kommen und sich ihrem Chef vorstellen. Zur Bedingung machte sie, daß Burger »ordentliche Papiere« vorweisen könne. So erschien kurze Zeit später, im Juni 1953, Anton Burger an ihrer Wohnungstür.

Er war mit Hut, Staubmantel und einem dunklen Anzug bekleidet. Er trug, wie immer, einen Schnurrbart, aber seine Haare waren anders frisiert. »Als er den Hut abnahm, sah er zuerst ganz fremd aus, bis mir auffiel: er trug einen Scheitel. So hatte ich ihn nicht in Erinnerung«, sagt Frau E. S. heute.[181] Und er, früher immer von kräftiger Statur, war abgemagert. Einen abgerissenen Eindruck machte er nicht auf sie. Allerdings waren seine Schuhe so zerschlissen, daß er sich am nächsten Tag neue kaufte: »Und ich habe ihm noch fünfzig Mark für die Schuhe gegeben, die ich mir von einer Kollegin ausgeliehen habe.«[182]

Als Burger dort vor der Wohnungstür stand, hatte er mit dem ehemaligen Lagerkommandanten, wie ihn Frau E. S. kannte, nichts gemein. Er war eher befangen und unsicher. Er bedankte sich artig, daß sie bereit sei, ihm zu helfen. Im Laufe des Abends erzählte ihr Burger, daß er mit seiner Familie in Kontakt stehe und diese ihn »über dritte Stellen« auch finanziell unterstütze. Daß er inzwischen rechtskräftig und gegen seinen Willen geschieden worden war, daß er sich außer einem Weihnachtsgeschenk 1951 nicht mehr um seine beiden Jungen gekümmert und seine Frau nach seiner Flucht aus dem Wiener Gefängnis mit der Pistole bedroht hatte, das verschwieg er. Er erzählte seiner Gastgeberin Märchen: Seine Frau habe bei Wien »ein Eisenwarengeschäft« und deshalb sei es ihr möglich, auch ihn finanziell über Wasser zu halten. Von seiner Mutter, die eine »Trafik« hatte – Zeitungen, Tabak und Fahrscheine –, sprach er nicht.

Er komme, so sagte er ihr, aus München. Das wird wohl gestimmt haben. Jedenfalls hat er dort die Adresse von Frau E. S. hinterlassen. Während der wenigen Tage bei ihr bekam er als »Herr Bauer« eine Postkarte aus München. Das hat die Gastgeberin sehr geärgert, daß er – der immerhin ein gesuchter Kriegsverbrecher war – jemandem ihre Anschrift mitgeteilt hatte, ohne sie vorher um Erlaubnis zu fragen. Wo er sich in den Jahren vor 1953 verborgen hatte, sagte er ihr nicht.

Am nächsten Tag zeigte Burger auf Verlangen von Frau E. S. seine Kennkarte, weil sie ihn »ohne anständige

Papiere« nicht ihrem Chef präsentieren wollte. Widerstrebend zog Burger eine Identitätskarte auf den Namen »Willi Bauer« hervor. Frau E. S. weiß noch heute, wie erschrocken sie war: »Meine Herren«, rief sie, »das sieht ja ein Blinder, wie schlecht die gefälscht ist!« Sie kann sich genau daran erinnern, daß es eine gefälschte deutsche Kennkarte war, grau, wie sie damals allgemein in Gebrauch war. Kurz zuvor, in Salzburg-Aigen, hatte Burger noch als Franz Bauer mit einer österreichischen Identitätskarte gelebt. Die zeigte er nicht. Er entriß Frau E. S. seine Karte und steckte sie ein, ehe sie die weiteren Personalien lesen konnte. Mit dieser gefälschten Kennkarte, so sagte die Frau ihrem Gast, werde sie ihn ihrem Arbeitgeber nicht präsentieren. Sie sei auf ihren Arbeitsplatz angewiesen und denke nicht daran, den für Burger zu gefährden – schließlich habe sie sich und ihren kleinen Sohn zu ernähren. Sie bot Burger allerdings Gastfreundschaft für weitere zwei oder drei Tage an, dann müsse er wieder gehen.

Ihr Sohn, damals sechs Jahre alt und noch nicht in der Schule, schlief während der Woche bei Freunden. Sie holte ihn am Wochenende zu sich. Am nächsten Tag aber wollte sie ihn, ganz stolze Mutter, Burger vorstellen. Sie holte das Kind nach der Arbeit ab. Als sie mit ihm in die Wohnung kam, hatte Burger ihren Wohnzimmerschrank aufgebrochen, in dem sie ihre persönlichen Papiere unter Verschluß hielt. Zuerst war sie sprachlos, und Burger erklärte verlegen, er habe »Tinte gesucht«. »Was erlauben Sie sich, meine Gastfreundschaft so zu mißbrauchen«, schrie sie den ehemaligen Herrn über Leben und Tod an. Da wurde Burger laut. »Da zeigte er sich so, wie ich ihn in Theresienstadt gekannt habe, da kam der richtige Burger durch«, sagt Frau E. S. heute. Er brüllte sie an, sie solle nur vorsichtig sein. Schon in Theresienstadt habe er gewußt, daß man ihr nicht trauen könne, daß sie seine Anweisung mißachtet und Umgang mit Häftlingen gehabt habe. Allein ihre Verwandtschaft mit dem Generalfeldmarschall Sperrle habe sie davor bewahrt, selbst ins

Lager zu kommen. Und dann begann Burger nach altbekannter Art, ihr zu drohen: »Ihr werdet euch noch umgucken. Wenn wir wieder an die Macht kommen, und wir werden an die Macht kommen, dann werden wir knietief im Blut unserer Feinde waten«. Er stellte ihr in Aussicht, daß das Blut von ihr und ihrem Sohn als erstes dabei sein würden. Frau E. S. heute: »Ich sehe noch das zu Tode erschrockene Gesichtchen meines Jungen, wie er an der Tür steht und mit großen Augen auf den Mann blickt, der von seinem Blut brüllte.« Da warf sie den ehemaligen Kommandanten von Theresienstadt aus ihrer Wohnung. Mit ein paar Handgriffen waren seine Sachen gepackt. Er war mit einer etwas größeren Aktenmappe und einem Pappkarton, mit Kordel umschnürt, bei ihr erschienen.

Seit jenem Junitag 1953 hat Frau E. S. nie wieder von Burger gehört – bis vierzig Jahre später ein Kriminalhauptkommissar des Bayerischen Landeskriminalamtes auf der Suche nach Anton Burger bei ihr erschien.

Damals benachrichtigte sie Bartels telefonisch davon, daß sie Burger hinausgeworfen habe und erzählte ihm voller Empörung, was sich ereignet hatte und daß sie ihm mit seinen schlecht gefälschten Papieren ohnehin nicht habe helfen können.

Anschließend trug sich Frau E. S. lange mit dem Gedanken, Burger bei der Polizei anzuzeigen. Warum sie es nicht getan hat? »Wegen Bartels. Er war der einzige anständige Mann in Theresienstadt, und ich hätte ihn auch beschuldigen müssen, weil er Burger geholfen hat«, sagt sie.

Zwar hatte Burger keinen richtigen Ausweis auf den Namen Wilhelm Bauer bekommen können – jedenfalls noch nicht 1953 –, aber ein halbes Jahr nach seinem Auftauchen bei Frau E. S. hatte er bereits einen Führerschein. Nicht gefälscht, sondern von einer Behörde ordentlich ausgestellt: Am 18. November 1953 wurde der Führerschein auf den Namen Wilhelm Bauer, geboren am 4. 8. 1911 in Feldsberg, in Wolpstein ausgestellt und einen

Tag später in jenem Ort im Bayerischen Wald »nach bestandener Prüfung« an Burger ausgehändigt, in dem der Ehemann seiner ehemaligen Freundin aus Theresienstadt eine Fahrschule betrieb. Die beiden hatten schon seit langem seine Post weitergeleitet.

Dann verliert sich zunächst Burgers Spur.

Über Bartels bemühte Burger sich, Kontakt mit alten Kameraden zu bekommen. Unter dem Mädchennamen von Frau Bartels wurde am 12. Januar 1955 an das Einwohnermeldeamt in Lippstadt in Westfalen geschrieben. Dort sollte die Anschrift eines Mannes ausfindig gemacht werden, der vermutlich Anfang der dreißiger Jahre mit Burger im SA-Lager der Österreichischen Legion war.[183] Und im Februar 1955 ersuchte Burger, unter der Adresse des Ehepaares Bartels, den Witiko-Bund um Hilfe. Diese Organisation führte auch noch den Namen »Sudetendeutscher Arbeitskreis« und ein Diplom-Ingenieur namens Konstantin Höss aus Frankfurt bot »Kameradenhilfe« an. Simon Wiesenthal kennt den Witiko-Bund: »Er hat volksdeutschen SS-Leuten aus dem Sudetenland bei der Flucht geholfen.«[184] Einen Konstantin Höss hat die Polizei allerdings im Zuge der Fahndung 1991 in Frankfurt nicht ausfindig machen können. Weder war er je dort gemeldet noch wurde die angegebene Telefonnummer jemals vom Fernmeldeamt München ausgegeben. Dennoch erhielt der »liebe Kamerad Bauer« an Bartels Anschrift am 17. März 1955 vom Witiko-Bund eine Antwort: »Ich erhielt Ihr Schreiben vom 22. 2. 1955 und habe in unserem Rundschreiben auf Ihren Wunsch hingewiesen. Ich habe aber kein gutes Gefühl dabei, weil ich mir von Ihnen und Ihren Wünschen keine echte Vorstellung machen kann. Deshalb erwarte ich die von Ihnen in Aussicht gestellte Aussprache. Inzwischen werde ich wohl auch von Herrn Kraus in Fa. Gestetner etwas über Sie in Erfahrung bringen können. Freundliche Grüße, Ihr Höss.«[185] Welcher Art das Anliegen Burgers war, das der Kameradenhelfer Höss so rätselhaft fand, weiß man nicht. Es scheint dann der Kontakt zum Witiko-Bund abgerissen zu sein. Aus einem Brief des Witiko-Bundes an einen »Herrn Dr. Wedl« geht aber hervor, daß sich Höss zunächst ernsthaft um »Kameradenhilfe« für Burger bemüht hat. Er schrieb am 3. Februar 1955 an Herrn Wedl mit Münchener Anschrift: »Können Sie Herrn Bauer in Österreich nicht im Namen der Kameradenhilfe unseres Bundes auffordern, er möge mir einige Exemplare eines maschinengeschriebenen Lebenslaufes bez. eine Erstellung seiner Möglichkeiten und Kenntnisse zusenden, damit ich mich für ihn verwenden kann? Ich bin von Kamerad Emil Lode auf ihn aufmerksam gemacht worden, Herr Bauer hat aber keine ständige Adresse.«[186] Der Kamerad Emil Lode betrieb eine Knopffabrik und ist im Jahr 1986 in Wasserburg am Inn gestorben. Und aus dem Brief des Witiko-Bundes an Wedl geht außerdem hervor, daß sich »Herr Bauer« in Österreich aufhielt.

Mit seiner Mutter korrespondierte Burger jedenfalls zu jener Zeit über die Deckadresse Anselmo Petucci aus Riva am Gardasee in Oberitalien. Burger schrieb ihr 1955 mehrere Briefe aus Bozen. Und weil in der Familie Burger zwischen der Mutter und der ehemaligen Schwiegertochter ein heftiger Streit um die Rückgabe von 3000 ÖS ausgebrochen war, die die Schwiegertochter angeblich der Mutter geliehen hatte, gab Burger am 2. Februar 1955 auch noch eine handschriftliche eidesstattliche Erklärung über die Herkunft des Geldes ab, das er angeblich 1947 »unter dem Namen G. Mahatschek« seinen Eltern überweisen ließ. Auch diese Erklärung verfaßte er angeblich in Bozen.[187]

Anfang 1956 war Burger es leid, versteckt zu leben: Er wollte als Anton Burger seine österreichische Staatsbürgerschaft wiederhaben, die er 1935 zugunsten der deutschen »Reichsbürgerschaft« abgelegt hatte. Er wollte unter seinem richtigen Namen in Österreich leben, möglichst von Strafverfolgungsbehörden unbehelligt bleiben und vor allem nicht ausgeliefert werden. Simon Wiesenthal kann dieses Anliegen gut verstehen: »In Österreich wurden die meisten Kriegsverbrecher ja auch freigesprochen.«

Daß gerade in diesem Jahr 1956 der Haftbefehl des Landesgerichts für Strafsachen in Wien gegen Burger erneuert wurde, der ihn des Mordes, der Mißhandlung, des Raubes und der Erpressung beschuldigte, wird ihm zunächst nicht bekannt gewesen sein.

Unter seinem richtigen Namen »Anton Burger, Kaufmann, derzeit München, Deutschland« bevollmächtigt er am 10. März 1956 den Wiener Rechtsanwalt Dr. Hermann Sturm, Verteidiger in Strafsachen, Gonzagagasse 9, seine Interessen wahrzunehmen. Und die bestanden vor allem und zuerst darin, ihm zu helfen, seine österreichische Staatsbürgerschaft wiederzuerlangen.

Von der Bezirkshauptmannschaft Neunkirchen ließ er sich ein Antragsformular für die Ausstellung eines Staatsbürgerschaftsnachweises schicken, den er am 24. März 1956 ausfüllte. Seinen »derzeitigen Aufenthalt« ließ er im unklaren und schrieb: Deutschland, München, Bayern. Beim Bürgermeister seines Heimatortes hatte sich Mutter Burger für ihn kundig gemacht, daß er in der Heimatrolle seines Geburtsortes Neunkirchen eingetragen war. Der Bürgermeister hatte ihr auf Antrag am 7. April 1954 einen Auszug aus der Heimatrolle ausgestellt. Und nun bemühten sich der Rechtsanwalt Dr. Sturm und Maria Burger gemeinsam, für Anton Burger den Weg zurück nach Österreich zu ebnen. Maria Burger wandte sich an den österreichischen Bundeskanzler um Hilfe. Das Sekretariat des Bundeskanzleramtes schrieb ihr am 28. Juni 1956: »In Beantwortung Ihrer Anfrage vom 23. 5. 1956 wird Ihnen anheimgestellt, sich mit Ihrem Anliegen persönlich an den Magistrat der Stadt Neunkirchen zu wenden bzw. Ihr Ansuchen an das für Staatsbürgerschaftsangelegenheiten zuständige Bundesministerium für Inneres (...) zu richten und hierbei die genauen Personaldaten

Ihres Sohnes sowie seine jetzige Adresse anzugeben.«[188]

Seinen Aufenthaltsort mochten natürlich weder Burger noch seine Mutter den Behörden offenbaren. So versuchten sie es auf anderen Wegen weiter. Burgers Anwalt wandte sich an das Bundesministerium für Inneres, das ihm am 14. November 1957 Bescheid erteilte. Der Brief war an »Anton Burger, z.Hd. Herrn Dr. Hermann Sturm« gerichtet, und der Unterzeichner, der im Auftrag seines Ministers antwortete, fand offenbar wenig Unschickliches daran, mit einem wegen Mordes gesuchten Kriegsverbrecher zu korrespondieren. Das österreichische Innenministerium ging zu dieser Zeit davon aus, daß Burger, da er ja noch in der Heimatrolle von Neunkirchen eingetragen war, am 13.3.1938 österreichischer Staatsbürger war und die Staatsbürgerschaft »in der Folgezeit nicht verloren« habe.[189] In der Folgezeit nicht, aber schon 1935 hatte Burger die österreichische Staatsbürgerschaft abgelegt und die »Reichsbürgerschaft errungen«, wie er damals stolz schrieb. Ermutigt durch diesen Bescheid, wollte Burger nun seine Sache persönlich vertreten. Sein Anwalt stellte einen Antrag auf freies Geleit. Die Staatsanwaltschaft Wien machte ihm einen Strich durch die Rechnung: »In der Strafsache gegen Anton Burger wegen §§ 134, 135/3, 98, 152, 171 ff StG, Aktenzeichen 15 St 24872/56 der Staatsanwaltschaft Wien ergeht die Verständigung, daß das Bundesministerium für Justiz mit Erlaß Zl.664570/57 vom 27.12.1957 dem Ersuchen des Anton Burger vom 16.10.1957 um Gewährung des sicheren Geleites nicht Folge gegeben wird.«[190]

In München entwarf Burger im November 1958 einen Brief an den Bürgermeister seines Heimatortes. Diesen Brief leitete seine Mutter Maria mit eigenem Anschreiben im März 1959 weiter:

»Geehrter Herr Bürgermeister!

Als heimatberechtigter Bürger der Stadtgemeinde Neunkirchen bitte ich Sie in nachstehender Angelegenheit um Ihre Hilfe. Seit Jahren bin ich als sogen. Kriegsverbrecher gezwungen, unter falschem Namen (in Deutschland, im Briefentwurf durchgestrichen, d. Verf.) zu leben. Die österreichische Bevölkerung kann sich wahrscheinlich kaum vorstellen, daß dies heute noch möglich bzw. notwendig ist – außer der Betreffende hätte ein sehr schlechtes Gewissen. Ich kann Sie jedoch versichern, daß die gegen mich vorliegenden Anschuldigungen auf Lüge, Haß und Rache beruhen. Mehr darüber zu sagen, wäre dzt. sinnlos, da jedermann mit Recht darauf hinweisen würde, ich solle mich dann ganz einfach den österreichischen Behörden stellen. Leider ist die Wirklichkeit nicht so einfach, da gegen mich ein Auslieferungsantrag der ČSR vorliegt. Solange ich den österreichischen Staatsbürgerschaftsnachweis nicht erbringen kann, besteht nach dem österreichischen Gesetz die Möglichkeit einer Auslieferung. Vor ca. 3 Jahren wollte ich mich bereits freiwillig stellen, doch war und ist mir dies vor Erhalt des Staatsbürgerschaftsnachweises aus den oben angeführten Gründen nicht möglich. Trotz einiger Ansuchen konnte ich diesen Nachweis bisher nicht erhalten. Die Bezirkshauptmannschaft Neunkirchen verwies mich auf das österreichische Konsulat in München, wobei sich bei Anfrage ergab, daß ich persönlich vorsprechen müßte. Dieser Weg ist dzt. für mich aber unmöglich, damit würde ich nicht nur meine Anonymität preisgeben, sondern auch die Gefahr einer Festnahme heraufbeschwören. Sollte die Bezirkshauptmannschaft (...) die Ausfolgung ablehnen, so genügte die schriftliche Bestätigung, daß ich österreichischer Staatsbürger bin (...).

Das österreichische Innenministerium bestätigte mir wiederum nur, daß dort nichts bekannt sei, wonach ich die österreichische Staatsbürgerschaft verloren hätte. Mit solch einem Bescheid allein ist mir natürlich nicht geholfen. Die Tatsache, daß man mich angeblicher Verbrechen beschuldigt, mir gleichzeitig aber unter diesen Umständen eine Rechtfertigung unmöglich macht, hat doch mit Gerechtigkeit kaum etwas zu tun. Deshalb bitte ich Sie,

Herr Bürgermeister, mir Ihre Hilfe zur Beschaffung des österreichischen Staatsbürgerschaftsnachweises zu gewähren. In der Annahme, daß Sie meiner Lage Verständnis entgegen bringen, zeichne ich mit Dank. A. Burger.«[191]

Der Bürgermeister der Stadt Neunkirchen hat sich zunächst einmal ausführlich kundig gemacht, ehe er Burgers Rechtsanwalt auf diesen Brief antwortete. Beim Innenministerium hatte er in der Angelegenheit Burger folgendes erfahren: »(...) Die Sache steht nicht günstig. Ganz so harmlos, wie Burger die ihm zur Last gelegten Tatbestände darstellt, dürften diese doch nicht gewesen sein. Der Genannte war SS-Hauptsturmführer und Lagerkommandant im KZ Theresienstadt und wurde bereits von der amerikanischen Militärregierung als Kriegsverbrecher verfolgt. Es ist ihm am 19. 6. 1947 gelungen, aus dem Lager Glasenbach zu entweichen; am 7. 3. 1951 wegen Verdachts der Verbrechen nach §§ 1, 3, 4 KVG, § 143 StG in Neunkirchen verhaftet, ist er am 9. 4. 1951 aus der Haft des Landesgerichts Wien mit einem Mithäftling neuerdings entwichen. (...) Bezüglich der Frage der Staatsbürgerschaft hat die ho. Staatsbürgerschaftsabteilung erklärt, daß eine Klärung dieser Frage nur möglich ist, wenn Burger aus seiner Anonymität hervortritt, d. h., seinen derzeitigen Wohnsitz angibt. Die Wahrscheinlichkeit spricht dafür, daß der Genannte die österreichische Staatsbürgerschaft bereits vor dem Jahre 1938 durch Ausbürgerung bez. durch die Erwerbung der deutschen Staatsangehörigkeit verloren hat. Vor amtlicher Feststellung der Staatsbürgerschaft des Anton Burger kann auch hinsichtlich der ev. Niederschlagung des Strafverfahrens und der damit verbundenen Streichung aus dem Fahndungsverzeichnis nichts unternommen werden.«[192]

Nachdem das Auslieferungsersuchen der tschechoslowakischen Behörden 1947 keinen Erfolg hatte, weil Burger rechtzeitig aus dem CIC-Lager Glasenbach geflüchtet war, hatten sie 1956 die österreichische Regierung ersucht, Burger auszuliefern, weil er wegen seiner Verbrechen vor ein tschechoslowakisches Gericht gestellt werden sollte. Die Staatsanwaltschaft Wien stellte sich jedoch auf den Standpunkt, daß Burger wahrscheinlich Österreicher sei und ließ den Haftbefehl gegen ihn aus dem Jahr 1947 erneuern.

Burger hat sich über den Brief des Neunkirchener Bürgermeisters sehr geärgert. Er verfaßte am 14. November 1959 in München eine drei Seiten lange Antwort. Er behauptete zunächst einmal zynisch, daß die Juden in Theresienstadt nicht schlechter verpflegt worden seien als die Bevölkerung des »Protektorates«. Es habe Fleisch, Mehl, Zucker, Marmelade und Kartoffeln, Nährmittel, Mehl und Gemüse gegeben, und zwar nur geringfügig weniger als die tschechische Bevölkerung bekommen habe. Dann behauptete Burger, es seien täglich ein und manchmal zwei Waggons Lebensmittelpakete gekommen, die er den Häftlingen ausgehändigt habe: »Mir ist heute noch in Erinnerung, daß in diesen Liebesgabenpaketen (fast durchweg aus dem Protektorat stammend) unter anderem auch hochwertige Eßwaren wie Schinken, Schokolade usw. enthalten waren. Also Dinge, die ich selbst schon jahrelang nicht mehr hatte. Wäre ich gehässig gewesen, hätte ich dieselben den Bestimmungen der Beschlagnahme anheim fallen lassen und sogar die Absender der Bestrafung zuführen können. Heute natürlich findet diese Großzügigkeit, die sogar für mich selbst ein Risiko war, keinerlei Beachtung.«[193] Burgers Lügen sind atemberaubend. Die Häftlinge haben gehungert, viele sind an Entkräftung gestorben. Und alle Zeugen, die später im Prozeß gegen Seidl aussagten, haben bekundet, daß die Verhältnisse zu Burgers Zeit noch schlimmer wurden. Und Lebensmittelpäckchen von außerhalb des Lagers haben die Häftlinge nicht erreicht. In diesem Brief wies Burger die Beschuldigung, er sei »als Judenhasser bezeichnet« worden, als Verleumdung zurück und rechtfertigte sich in gewohnter Weise: »Sicherlich war die Internierung der Juden eine harte Maßnahme, aber ein

Krieg bringt dieses eben mit sich und jedes Land hat die Angehörigen eines Feindstaates interniert.«[194] Dann folgte die Behauptung, die Juden hätten durch Chaim Weizmann dem deutschen Volk den Krieg erklärt und sich ausdrücklich nach der Kriegserklärung der Briten auf deren Seite gestellt: »Daß diese Erklärung natürlich kein Recht gab, die Juden einfach zu vernichten, ist selbstverständlich, aber damit hatte ich nichts zu tun und war darüber genausowenig informiert wie jeder andere Unbeteiligte. Die Juden in ihrem teilweise verständlichen Haß und Rachegefühl werfen ja seit 1945 grundsätzlich alles, was SS war und vorher mit ihnen zu tun hatte, in einen Topf. Es wäre daher sehr bedauerlich, wenn sich die Behörden eines freien Landes zur Befriedigung solcher Gefühle mißbrauchen ließen.«[195] Durch ihn habe »1938 und auch später kein politischer Gegner Schaden erlitten«, und er beklagt die »Gehässigkeit der eigenen Landsleute«. Burger hatte auch vierzehn Jahre nach dem Ende des Krieges ein ungebrochenes nationalsozialistisches und antisemitisches Weltbild, denn er schrieb die Weigerung der österreichischen Behörden, sich mit seinem Fall zu beschäftigen, solange er in Deutschland versteckt lebe, dem »Einfluß gewisser Kreise« zu.

Wie der Bürgermeister von Neunkirchen auf diesen widerlichen Brief reagiert hat, ist nicht bekannt. Seine österreichische Staatsangehörigkeit erhielt Burger jedenfalls nicht zurück.

1960 war Anton Burger noch in München. Dort traf er am 10. Mai einen gewissen »Fritz«, von dem zu vermuten ist, daß er Rechtsanwalt war. Dem »lieben Fritz« hatte Burger in einem Brief vom 6. Mai 1960 für einen Rechtsrat gedankt. Er hatte sich nämlich erkundigt, ob er die Zuständigkeit eines österreichischen Gerichtes bestreiten könne. Schließlich sei er deutscher Staatsbürger, habe die angeblichen Taten weder auf österreichischem noch auf deutschem Boden begangen und im übrigen habe er der »Süddeutschen Zeitung« entnommen, daß »ungeachtet der Schuldfrage« die Taten am 1. 7. 1960 verjähren würden. Was der »liebe Fritz« ihm geantwortet hat, ist unbekannt. Burger hat ihm überschwenglich in seinem Brief vom 6. Mai für sein Rechtsgutachten gedankt und ihn gebeten, noch festzustellen, ob eine Anklageerhebung in Österreich die Verjährung unterbreche. Die Antwort möge ihm der »liebe Fritz« schriftlich zum geplanten Treffen am 10. Mai in München mitbringen. Die Antwort, die ihm Fritz da gegeben hat, scheint Burger nicht befriedigt zu haben. Er gab seine Anonymität nicht auf, er stellte sich weder den deutschen noch den österreichischen Behörden. Im Gegenteil: Er ging nach Österreich und nahm dort eine neue Identität an. Er hieß nun Josef Weiszl, geboren am 3. März 1912 in Felsöderna in Rumänien. Als Josef Weiszl fand er Arbeit im Mandlwandhaus in Mühlbach am Hochkönig. Er war nun Hüttenwart.

Aus Anton Burger wird Wilhelm Bauer

Josef Weiszl war ein ganz alter Kamerad, er gehörte wie Burger zu den Eichmann-Männern. Im Rothschild-Palais in Wien, in dem Eichmann 1938 die »Zentralstelle für jüdische Auswanderung« eingerichtet hatte, war Weiszl schon dabei. Geboren wurde er am 3. März 1912 in Felsöderna in Rumänien, kam als Kind mit seinen Eltern nach Österreich und wuchs in Wien auf. In den Karrieren von Burger und Weiszl finden sich Parallelen. Auch er war, wie die meisten alten Kämpfer, eine mehr oder weniger gescheiterte Existenz. Auch er war vom arbeitslosen Verkäufer zum Herrenmenschen durch Eintritt in SS und SD aufgestiegen. Auch er gehörte später zu den SS-Leuten, die Eichmann überall in den deutschen Machtbereich aussandte, wo die Deportationen ins Stocken geraten waren. Während Anton Burger schon vor dem Verbot der NSDAP in Österreich Parteigenosse war, machte Weiszl aber einen Umweg, zunächst über die Sozialdemokratische Partei in den späten zwanziger Jahren, dann über die »Vaterländische Front«. Nach dem »Anschluß« trat er der NSDAP bei, wurde mit der Protektion seines Schwagers Wilhelm Höttl[196] in den SD aufgenommen und kam im November 1938 zur Zentralstelle.[197] Dort war Josef Weiszl als Schläger berüchtigt. Weiszl wurde im August 1945 in Wien durch die Staatspolizei verhaftet. Bei seiner Vernehmung leugnete er, von den Deportationen in Todeslager überhaupt gewußt zu haben. Die Juden seien nach Osten zum Arbeitseinsatz verschickt worden, behauptete er. Und in der Zentralstelle in Wien sei er nur beim Sortieren von Papieren und Pässen behilflich gewesen. Mißhandelt und geschlagen habe er Juden, das mußte er schließlich einräumen, aber nur, wenn diese ihm einen »Anlaß« geboten hätten.[198] Auch Weiszl hat natürlich nur seine Pflicht getan: »Wenn ich auf der Straße bei meinen Fahrten mit dem Auto irgend jemand, der aussehensmäßig Ähnlichkeiten mit einem Juden hatte, antraf, so habe ich ihn, wie es meine Pflicht verlangte, mitgenommen und in die Sperlschule zur Weiterbearbeitung eingeliefert. (...) Wenn ich meinen Dienstplatz verließ und mir Juden begegneten, hatte ich auch die Pflicht, dieselben einzuliefern, und ich kann mir nicht erklären, warum gerade mir der Vorwurf gemacht wird, daß Juden speziell bei meinem Erscheinen flüchteten.«[199]

Frankreich stellte ein Auslieferungsersuchen an die österreichischen Behörden: Weiszl war an der Deportation der französischen Juden aus dem Konzentrationslager Drancy nach Auschwitz beteiligt. Er wurde ausgeliefert und im Februar 1949 zu lebenslanger Haft verurteilt. Drei Jahre später wurde die Strafe in eine zwanzigjährige Zuchthausstrafe umgewandelt. Ende Dezember 1955 entließen ihn die Franzosen aus der Haft. Weiszl kehrte nach Wien zurück, wurde dort als Spätheimkehrer begrüßt und genoß die Wohltaten der »Heimkehrer-Fürsorge«. Obwohl in Frankreich nur die dort begangenen Taten Weiszls abgeurteilt worden waren, setzte die Staatsanwaltschaft Wien den Spätheimkehrer 1956 »im Hinblick auf die Verurteilung durch ausländische Gerichte« außer Verfolgung.[200] Josef Weiszl starb Ende 1983 im Kaiser Franz-Josef-Spital in Wien.

Irgendwann nach seiner Rückkehr nach Wien ist Weiszl, genannt »Joschi«, mit Anton Burger, genannt »Toni«, zusammengetroffen. Weiszl, aus französischer Haft gekommen, wird größtes Verständnis dafür gehabt haben, daß Burger nicht ins Gefängnis wollte. Dem alten Kameraden aus den schönen Tagen der Zentralstelle, als beide noch wahre Herrenmenschen waren, übergab Weiszl ein Dokument: das Original seiner Heiratsurkunde. Am 25. Februar 1939 hatte Weiszl im Standesamt

Wien-Meidling die gleichaltrige Hilfsarbeiterin Pauline Christine Pinter geheiratet. Weiszls damalige Berufsbezeichnung lautete »Beamter«. Als solcher wurde er auch beim SD geführt.

Ausgestattet mit dieser Heiratsurkunde als einziger Legitimation begab sich Anton Burger Ende 1960 nach Mühlbach am Hochkönig und wurde dort Hüttenwart im Mandlwandhaus. Der Einwohnermeldestelle beim Gemeindeamt Mühlbach hat die Heiratsurkunde ausgereicht, um die polizeiliche Anmeldung des »Josef Weiszl« zu registrieren, der angeblich aus dem 12. Wiener Bezirk, Mágazziplatz 8, zugezogen war und eine Arbeit im Mandlwandhaus angenommen hatte. Auch das zuständige Finanzamt St. Johann im Pongau hatte angesichts der polizeilichen Anmeldung keine Bedenken, dem »Josef Weiszl« eine Lohnsteuerkarte auszustellen. Und die Bezirkshauptmannschaft St. Johann im Pongau schickte den Hüttenwart Burger alias Weiszl zur amtsärztlichen Untersuchung. Ein Hüttenwart hat mit Lebensmitteln zu tun, es kommen Touristen auf die Hütten. Kurz: er muß gesund sein. Nach dem Bazillenausscheidungsgesetz war eine Untersuchung nötig. Der Amtsarzt bescheinigte »Josef Weiszl« am 18. Januar 1961, daß er »für die Tätigkeit in Lebensmittelbetrieben geeignet« war.[201]

Der Jahreswechsel 1961 / 1962 wurde zu einer entscheidenden Wende in Burgers Leben. Auf der Hütte lernte er einen Jäger und Bergwanderer aus dem Ruhrgebiet kennen, den Diplom-Kaufmann Walter Schmidt aus Essen. Schmidt war Gesellschafter der Firma Rhein-Lippe Straßen- und Tiefbau GmbH. Warum sich die beiden Männer nähergekommen sind, ist unbekannt. Schmidt hatte keine einschlägige Vergangenheit als Nazi, wenn er, wie ein Bekannter von ihm heute sagt, auch »den Gedanken des Nationalsozialismus nicht völlig abhold« war. Ob Schmidt gewußt hat, wer Burger wirklich war, kann nicht mehr festgestellt werden. Es ist möglich, aber nicht wahrscheinlich. Eine ehemaliger Bekannter von Schmidt schließt aus, daß Burger und Schmidt sich aus dem Krieg gekannt haben könnten: »Wenn Schmidt Burger früher gekannt hätte, hätte er ihn auch früher nach Essen geholt.«

Schmidt war weder bei der SS noch bei der Waffen-SS, er war Leutnant in der Wehrmacht. Möglich ist, daß Burger sich dem Essener Tourist ganz anders offenbart hat: Sein Name sei nicht Josef Weiszl, sondern Wilhelm Bauer, er werde in Österreich wegen seiner »Zugehörigkeit zur Waffen-SS« gesucht und man nehme ihm die Möglichkeit, sich offen zu rechtfertigen, weil eine Auslieferung in die Tschechoslowakei drohe. In Deutschland wurde zwar bereits in verschiedenen Verfahren gegen Burger ermittelt, der erste Haftbefehl aus Bremen war jedoch erst 1967 ergangen. Von dem Wiener Haftbefehl aus dem Jahre 1956 wußte Burger. Also hatte der Deutsche Wilhelm Bauer ein Interesse daran, nach Deutschland zurückzukehren.

Walter Schmidt half.

Anfang Januar 1962 kam er mit Burger aus seinem Urlaub nach Essen zurück. Der damalige Prokurist und spätere Geschäftsführer, Rolf Pfeiffer, wurde angewiesen, »dem Mann bei uns eine Arbeit zu geben« und ihm vor allem sofort eine Wohnung zu besorgen. Eine Nacht verbrachte Burger im Hause Schmidts. Auch Pfeiffer und seine Frau beherbergten den Neuankömmling für eine Nacht. »Als Bauer bei uns ankam, war er ein ganz armes Luder. Er hatte keinen Koffer, nichts. Ich will nicht behaupten, daß er aussah wie ein Penner, aber er war schon sehr ungepflegt. Er trug eine Manchesterhose, ein kariertes Hemd und einen blauen Pullover. Als er dann aber später Geld bei uns verdiente, hat er sich sehr schnell angepaßt und korrekt gekleidet«, erinnert sich Pfeiffer.

Die Firma hatte sich darauf verlassen müssen, daß der inzwischen fünfzigjährige Burger, ohne Zeugnisse, Referenzen oder Lebenslauf vorgelegt zu haben, tatsächlich eine kaufmännische Ausbildung genossen hatte. Als kaufmännischer Angestellter nämlich wurde Burger am 11. Januar 1962 eingestellt. Sein Gehalt betrug damals knapp achthundert Mark. Er trat der Barmer Ersatzkasse als Pflichtversicherungsmitglied bei.

Mit einer Wohnung ging es nicht so leicht wie mit der Arbeitsstelle. Seine erste Anschrift in Essen lautete: Bottroper Straße 28. Dort meldete er sich am 9. Januar 1962 polizeilich an. Das ist eine Adresse, die es nicht gibt. Es ist ein weiträumiges Industriegelände, die Hausnummern der Wohnhäuser beginnen in den achtzigern. Auf dem Gelände befand sich jedoch ein Materiallager der Firma Rhein-Lippe und ein befestigter Bauwagen. Das war Burgers erste Adresse. Gewohnt hat er dort nicht, es wurde ihm in den Büroräumen der Firma ein Feldbett hergerichtet.

Obwohl er sich als Wilhelm Bauer – ledig, ohne Kinder – bei seinem neuen Arbeitgeber vorgestellt hatte, merkte Pfeiffer bald, »daß irgend etwas mit dem Mann nicht stimmte«. Am Abend, wenn die Angestellten das Büro verlassen hatten und nur der Prokurist noch arbeitete, sah er häufig ein Telefonlämpchen blinken: Burger telefonierte ausgiebig. Als Pfeiffer sich einige Male einschaltete, hörte er, wie Burger jedesmal mit einer Frau mit Wiener Dialekt sprach. Es war viel von »den Kindern« die Rede.

Rolf Pfeiffer fragte nicht nach. Er war es gewohnt zu helfen, weil man ihm geholfen hatte. Als er in den fünfziger Jahren mit Frau und Kind aus der DDR geflohen war, fand auch er Hilfe und einen Arbeitsplatz. »Ich habe mir damals wirklich keine weiteren Gedanken um Bauer gemacht, es gab viele Flüchtlingsschicksale damals.«[202] Er habe diesem Mann auch helfen wollen, weil er angewiesen worden war, sich um ihn zu kümmern. Besondere Sympathie hat sich aber zwischen Pfeiffer und Burger nicht entwickelt: »Rein menschlich sind wir uns überhaupt nicht nähergekommen.«

Bevor sich Burger am 9. Januar 1962 in Essen polizeilich anmelden konnte, mußte er eine Hürde überwinden. Das Einwohnermeldeamt wollte die polizeiliche Abmeldung seines früheren Wohnortes sehen. Das war nun wirklich ein Problem. Zwar hat die Gemeinde Mühlbach am Hochkönig Burgers Abmeldung – angeblich nach Wien – im April 1962 formell abgestempelt, aber sie hatte »Josef Weiszl« und nicht »Wilhelm Bauer« aus dem Melderegister der Gemeinde gestrichen. Rolf Bartels in München half. Jedenfalls erinnert sich Rolf Pfeiffer, daß »Herr Bauer in München einen sehr einflußreichen Freund hatte, einen gewissen Bartels, und ich glaube, daß er Rechtsanwalt war«. Rechtsanwalt war Bartels nicht, aber nach mehreren Telefonaten hin und her konnte er für Burger eine polizeiliche Abmeldung besorgen. Und zwar aus Nußdorf in der Nähe von Vaihingen an der Enz. Spätere Ermittlungen des Bayerischen Landeskriminalamtes ergaben, daß die Meldebehörde der Gemeinde Nußdorf keine Unterlagen über einen Wilhelm Bauer hatte: Der Ort war eingemeindet worden, das Einwohnermeldeamt einmal umgezogen, und man erklärte den Polizeibeamten, entweder habe Bauer dort nie gewohnt oder seine Meldeunterlagen existierten nach mehr als dreißig Jahren nicht mehr. Das erste war richtig. Eine richtige Abmeldung scheint es aber dennoch nicht gewesen zu sein; denn das Einwohnermeldeamt Essen vermerkte auf einer Bescheinigung vom 9. Februar 1962 »zur Vorlage beim Standesamt«, daß Wilhelm Bauer seit dem 9. Januar 1962 an der Bottroper Straße 28 gemeldet, daß er aber »lt. Bescheinigung vom August 1961 amtlich abgemeldet« sei. Die beiden letzten Worte sind unterstrichen, und von wo er amtlich abgemeldet war, wird nicht erwähnt.[203] Die »Vorlage beim Standesamt« wird nötig gewesen sein, weil Burger in Essen im Frühjahr 1962 tatsächlich einen deutschen Personalausweis erhielt. Er hatte weder eine Geburtsurkunde auf seinen erdachten Namen noch – außer dem Führerschein von 1953 – andere Papiere, die ihn als »Wilhelm Bauer« auswiesen. Rolf Pfeiffer erinnert sich, daß wieder der Gönner Walter Schmidt geholfen hatte: »Eines Tages rief Schmidt bei uns im Büro an und sagte, der Bauer solle zum Einwohnermeldeamt gehen und seinen Personalausweis abholen.«[204] Schmidt hatte, so erinnert sich der ehemalige Geschäftsführer, »beste Verbindungen zu den Bürgermeistern und Oberbürgermeistern und wohl auch zum Einwohnermeldeamt in Essen.«

Am 8. April 1963 starb Burgers Mutter in Neunkirchen. Viele Jahre später hat eine entfernte Verwandte Burgers in Österreich ausgesagt, Burger sei bei der Beerdigung seiner Mutter erschienen und habe dort auch seine Söhne getroffen. Obwohl es unverständlich wäre, wenn zur Beerdigung von Burgers Mutter nicht auch die österreichische Polizei anwesend gewesen wäre. Ganz ausgeschlossen ist es nicht, daß Burger 1963 in Neunkirchen war. Schließlich hatte er gültige deutsche Papiere. Außerdem fällt ein zeitlicher Zusammenhang auf. Im April starb Maria Burger. Im Mai 1963 sah sich das Landesgericht für Strafsachen in Wien veranlaßt, einen Beschluß zu fassen: Es sollten sämtliche postlagernde Sendungen an die geschiedene Frau Burgers und seine beiden Söhne beschlagnahmt werden, um auf diese Weise den Aufenthaltsort von Anton Burger zu ermitteln. Das legt die Vermutung nahe, daß Burger also doch bei der Beerdigung in Neunkirchen gewesen war und die österreichischen Behörden davon Kenntnis erhalten hatten und daraufhin die Beschlagnahme der Post veranlaßten.

Auf Anregung eines Bremer Untersuchungsrichters erweiterte 1968 das Landesgericht für Strafsachen Wien den Beschlagnahmebeschluß auf sämtliche Aliasnamen Burgers, die die Bremer Akten enthielten.

Am 14. Mai 1963 wurde vom Bezirksgericht Neunkirchen das Testament von Maria Burger, geborene Kacerofsky, eröffnet, das sie 20. Januar 1963 vor drei Zeuginnen gemacht hatte. Sie setzte als Erbin die verwitwete Frau ihres ältesten Sohnes Franz ein: »Zum Universalerben meines gesamten beweglichen und unbeweglichen Nachlasses setze ich meine Schwiegertochter Hedwig, wohnhaft (...) mit der Auflage, meinem derzeit vermißten Sohn Anton Burger, geb. 19. 11. 1911, bei seiner Rückkehr die Hälfte des Nachlasses zu überlassen, ein. (...).«[205]

Der »derzeit vermißte Sohn« hatte sich derweil in Essen etabliert. In Essen-Steele fand er im Hellweg eine Wohnung. Doch schon im September 1963 zog Anton Burger nach Haltern am nördlichen Rand des Ruhrgebietes, wo eine Filiale der Firma Rhein-Lippe eröffnet wurde. Dort blieb er bis Juni 1965. Rolf Pfeiffer war damals noch Prokurist: »Schmidt hat den damaligen Geschäftsführer angewiesen, in Haltern eine Niederlassung einzurichten. Bauer sollte dort der Kaufmann sein. Ich habe dann Büroräume gemietet, in denen Bauer wohl auch zunächst schlief. Dann war das alles nicht mehr gut genug, und wir mußten in der Bahnhofstraße in Haltern ein Haus mieten. In diesem Haus bekam dann Bauer auch ein Zimmer, wo er wohnte.«

Als Mitarbeiter bemühte sich Burger »peinlich genau, das auszuführen«, was man ihm sagte. Mit den Technikern in Haltern hat es aber immer wieder Streit gegeben. Danach hat sich Burger dann öfter an seinen Gönner Schmidt gewandt. Daß ein kleiner kaufmännischer Angestellter bei betrieblichen Streitereien den Gesellschafter informierte, kann für die Firmenleitung nicht angenehm gewesen sein. Pfeiffer hat es aber eher so gedeutet, daß Burger den Kontakt zu Schmidt nicht ganz abreißen lassen wollte: »Schmidt hat sich nach meiner Meinung auch nicht mehr persönlich um den Mann gekümmert. Er hat uns nur angewiesen, was geschehen soll und dann mußten wir sehen, wie wir damit fertig werden.«

Nach seiner Rückkehr aus Haltern fand Burger eine Wohnung mit feiner Adresse, in der gutbürgerlichen Schinkelstraße 39. Wenn auch das Haus nicht besonders elegant war – die Nachbarschaft war es allemal. Gegenüber wohnte in einer alten Villa Gustav Heinemann, der spätere Bundespräsident. Burger hat später stolz erzählt, daß er Heinemann oft beim Spazierengehen angetroffen habe.

1967 starb Walter Schmidt. Vor seinem Tod hatte er einer Mitgesellschafterin versprochen, ihren Schwiegersohn in der Firma einzustellen. Nach dem Tod von Schmidt stellte sich für Pfeiffer das Problem: Entweder konnte der neue Mann kommen und Bauer mußte gehen, oder Bauer blieb, und der Schwiegersohn der Gesellschafterin mußte verzichten. Der bestand auf der Einhaltung der Zusage Schmidts, und so kündigte die Firma Anton Burger nach fünfeinhalbjähriger Betriebszugehörigkeit zum 30. Juni 1967. Burger wollte sich das nicht gefallen lassen. Kurz nach der Kündigung erhielt Pfeiffer eine Vorladung zum Arbeitsgericht. Daraufhin ließ er seinen Anwalt einen Brief an Burger schreiben. Pfeiffer hatte dem Rechtsanwalt mitgeteilt, daß nach seinem Gefühl »etwas mit dem Mann nicht stimmt«. In diesem Sinne schrieb der Anwalt. Burger zog die Klage sofort zurück.

Die Firma und er einigten sich auf ein ordentliches Zeugnis: »Herr Wilhelm Bauer, geb. 4. 8. 1911, war in der Zeit vom 11. 1. 62 bis zum 30. 6. 67 in unserer Firma als kaufmännischer Angestellter tätig. Von September 1963 bis Juni 1965 war Herr Bauer in unserer Niederlassung in Haltern/Westf. als Baukaufmann tätig. Seit Juni 1965 ist Herr Bauer wieder in unserem Essener Büro tätig gewesen. Hier oblag ihm die Material- und Gerätedisposition mit allen Nebenarbeiten sowie der Baustoffeinkauf. Herr Bauer war fleißig, pünktlich, ehrlich und gewissenhaft und hat die ihm übertragenen Arbeiten zu unserer vollsten Zufriedenheit ausgeführt. Die Beendigung erfolgt in beiderseitigem Einvernehmen. Wir wünschen Herrn Bauer für die Zukunft alles Gute.«[206]

Zunächst wartete auf Burger wenig Gutes. Bis zum 5.

März 1969 war er arbeitslos. Sein Arbeitslosengeld betrug in dieser Zeit laut Meldekarte des Arbeitsamtes 132,60 DM wöchentlich. In diesen zwei Jahren sollte sich aber sein Privatleben zum Guten wenden. In einer kleinen Pension im italienischen Viserba lernte er eine Essenerin kennen, mit der er den Rest seines Lebens verbrachte. Mit ihr versuchte er in der Zeit seiner Arbeitslosigkeit, sich als Gastwirt zu etablieren. In einer kleinen Stadt im Sauerland betrieben beide eine Gaststätte unter dem Namen der neuen Lebensgefährtin. Die Kneipe lief nicht gut, der Schlachter am Ort war der große Konkurrent. Jemand, der Burger alias Bauer gekannt hat, weiß noch einen anderen Grund, warum die Gaststätte kein Erfolg war: »Er war ein so unfreundlicher, unzugänglicher Kerl. Wenn jemand in eine Kneipe geht, will er nicht vom Wirt beschimpft oder belehrt werden.«

Nach dem Mißerfolg im Sauerland zogen Burger und seine Lebensgefährtin zusammen in deren Zweieinhalb-Zimmer-Wohnung in Essen, in der auch noch die Mutter der Frau lebte.

Über das Arbeitsamt fand Burger wieder Arbeit bei einer Baufirma. Mit dem Unternehmen Julius Berger Bauboag schloß er am 5. März 1969 einen Anstellungsvertrag als kaufmännischer Angestellter. Er wurde nach dem »Rahmentarifvertrag für die technischen und kaufmännischen Angestellten des Baugewerbes im Gebiet der Bundesrepublik Deutschland in der Beschäftigungsgruppe K 3« bezahlt. Sein Anfangsgehalt betrug 1100 DM brutto.[207]

Bei dieser Firma hat Burger keinen Förderer mehr gebraucht, der seine Angestellten anwies, Burger Arbeit zu geben: Er hatte schließlich inzwischen richtige Papiere, er hatte ein Zeugnis von der Firma Rhein-Lippe, und er konnte auf eine fünfeinhalbjährige Tätigkeit im Essener Baugewerbe verweisen. Bei der Firma Julius Berger Bauboag arbeitete Burger bis zum 31. Dezember 1973. Sein letztes Gehalt betrug 1853,50 DM brutto. Die Firma kündigte ihm wegen Arbeitsmangels, versüßte ihm aber den

Abschied durch die Zahlung eines Weihnachtsgeldes in Höhe von 1810 DM und eines »Treuegeldes« von 225 DM. Dann stand Burger wieder auf der Straße. Gegen die Kündigung hat er erfolglos vor dem Arbeitsgericht geklagt.

Die Firma stellte ihm ein leidlich gutes Zeugnis aus: »Herr Wilhelm Bauer (...) war in der Zeit vom 5. März 1969 bis 31. Dezember 1973 als kaufmännischer Angestellter in unserer Gesellschaft tätig. Wir haben Herrn Bauer in der Abteilung ›Geräteabrechnung mit Hilfsstellenkostenverrechnung‹ eingesetzt. Er hatte die Aufgabe, für die maschinentechnische Abteilung die Großgerätekartei zu führen, in der neben den technischen Daten und Standortbewegungen insbesondere aber der Reparaturkostenanfall für jedes Gerät zu berechnen war. Hierfür hatte er nach Angaben der Werkstatt die Reparaturberichte auszustellen. Zu seinem Arbeitsbereich gehörte weiterhin die Auswertung der Arbeitsberichte des Bauhofes und der Werkstatt. Die verfahrenen Leistungsstunden hatte er den entsprechenden Kostenstellen zuzuordnen.

Herr Bauer hatte die ihm übertragenen Arbeiten zu unserer Zufriedenheit ausgeführt. Sein Verhalten gegenüber den Vorgesetzten und den Mitarbeitern gab keinen Anlaß zur Klage. Seine Führung war gut.

Aufgrund des Arbeitsmangels sehen wir uns leider veranlaßt, das Arbeitsverhältnis zum 31. 12. 1973 zu lösen. Wir wünschen Herrn Bauer für die Zukunft alles Gute.«[208]

Burger war nun 62 Jahre alt. Vom 1. Januar 1974 bis zum 27. Februar 1974 bekam er wieder Arbeitslosengeld. Er war nicht mehr gesund und wurde deshalb zu einer Kur nach Bad Wildungen geschickt. Dort erlitt er im April 1974 einen Herzinfarkt.

Am 25. Juli 1974 schrieb ihm die Barmer Ersatzkasse, er möge einen Rentenantrag stellen, da während seiner Arbeitsunfähigkeit zugleich Erwerbsunfähigkeit eingetreten sei: »Nach dem uns vorliegenden ärztlichen Gutachten sind Sie aufgrund ihrer Erkrankung erwerbsunfähig. Soweit uns bekannt ist, haben Sie einen Antrag auf Rente noch nicht gestellt. Wir bitten Sie daher, einen solchen bis zum 24. August 1974 bei Ihrem zuständigen Versicherungsträger bez. beim hiesigen Versicherungsamt einzureichen und uns davon baldmöglichst in Kenntnis zu setzen.«[209] Bis zur Zahlung der Rente, so stellte ihm die Krankenkasse in Aussicht, werde er weiterhin Krankengeld erhalten.

Nun war für Anton Burger guter Rat teuer. Sein Rentenverlauf war erbärmlich. Beschäftigungen, die er nachweisen konnte, hatte er nur in Essen ab 1962 – mit einer Unterbrechung von fast zwei Jahren Arbeitslosigkeit – ausgeübt. Insgesamt hatte er weniger als neun Jahre gearbeitet. Hätte er der Bundesversicherungsanstalt seine wirkliche Tätigkeit seit der kaufmännischen Ausbildung 1926 nachweisen können, wäre seine Rente erheblich höher ausgefallen. Seine Zeit in SS und SD wäre ihm als »Wehrmacht« angerechnet worden und seine sporadischen Beschäftigungen in Österreich hätten womöglich auch noch zu Buche geschlagen. Nur: er hätte seine wahre Identität aufdecken müssen.

Erstaunlicherweise hat die Außenstelle Essen der Bundesversicherungsanstalt für Angestellte offenbar auch nicht nachgefragt. Burger war schließlich in einem Alter, in dem die Männer in Deutschland Soldaten waren. Aus den nach seinem Tod in seiner Wohnung gefundenen Unterlagen geht nicht hervor, daß er darauf hingewiesen worden wäre, daß die Zeit bei der Wehrmacht sich günstig hätte auf seine Rente auswirken können. Statt dessen stellte Burger am 24. November 1975 einen Nachentrichtungsantrag an die Bundesversicherungsanstalt für Angestellte. Er wollte für die Jahre 1956 bis einschließlich 1961 freiwillige Beiträge nachentrichten, damit seine Rente etwas höher ausfiel. Am 3. Februar 1976 genehmigte die Rentenversicherungsanstalt die Nachentrichtung. Insgesamt zahlte Burger für die Jahre ab 1956 bis zur Beschäftigung bei der Firma Rhein-Lippe 9504 DM an Rentenversicherungsbeiträgen nach.

Am 15. Juli 1976 erteilte die BfA ihm unter der Versicherungsnummer 970 53 040811 B 032 11 einen Rentenbescheid: ab dem 1. September könne er mit einer monatlichen Altersrente von 664,80 DM rechnen. Die letzte Rente vor seinem Tod im Dezember 1991 betrug dann insgesamt 1074,34 DM. Der Beitrag zur Rentnerkrankenkasse war bereits abgezogen. Große Sprünge ließen sich damit nicht machen.

Im April 1987 wurde ihm im Elisabeth-Krankenhaus in Essen ein Herzschrittmacher eingesetzt. 1991, im Jahre seines Todes, ließ sich Burger wegen starker Rückenschmerzen behandeln. Man behandelte ihn wegen Ischiasbeschwerden. Als die Ärzte ihn im November 1991 operierten, weil der diagnostizierte Ischiasschmerz sich als Darmkrebs erwies, war es zu spät.

Das Leben des Wilhelm Bauer

Die letzte Lebensgefährtin Anton Burgers hat glaubwürdig versichert, daß sie nicht gewußt hat, wer Burger wirklich war. Nichts deutet darauf hin, daß ihre Aussage nicht stimmt. Sie hatte ihn als Wilhelm Bauer kennengelernt, und nichts in seinen persönlichen Papieren, die sie nach seinem Tod aufbewahrte und nach der Hausdurchsuchung im Sommer 1993 der Polizei übergab – nebst einer Wehrmachtsuhr, einem Anstecker mit der Aufschrift »1955 Tage deutscher Kunst in Witzenhausen« und einem Wehrmachtskompaß in einer Lederhülle –, wies zunächst auf Anton Burger hin. Über seine Vergangenheit hatte er ihr eine Mischung aus Märchen – das vor allem – und einigen wenigen Tatsachen erzählt, die mit dem Lagerkommandanten von Theresienstadt und dem Mörder der Juden von Südgriechenland nicht in Verbindung zu bringen waren. Er sei, so erzählte er, als Soldat im Zweiten Weltkrieg in russische Kriegsgefangenschaft geraten, aus der er aber habe flüchten können. Zu Fuß sei er bis Italien geflohen und habe dort Unterkunft in einem Kloster bei Rom gefunden. Die katholische Kirche lobte er sehr: sie habe ihm geholfen. Wobei und wie, das hat er nicht erzählt. Statt dessen behauptete er, ein Vetter seiner Mutter sei der Leiter der Vatikanischen Bibliothek gewesen. Er nannte weder Namen noch Zeiträume – wie sollte er auch.

Gespräche über die Zeit im Krieg wollte er nicht führen: das sei zu schmerzlich für ihn. Sein als Soldat verwundeter Bruder, so sagte er zur Begründung, sei in der Tschechoslowakei ins Lazarett gekommen, nachdem er in Stalingrad verwundet worden sei. Dort hätten ihn die Russen aufgespürt und sofort erschossen.

Märchen, aber auch Wahrheit. Tatsächlich ist sein älterer Bruder Franz, 1909 geboren, nach Darstellung einer entfernten Verwandten von Burger, tatsächlich 1945 in der ČSSR im Lazarett erschossen worden. Nach ihrer Erinnerung standen sich allerdings die Brüder nicht sehr nahe. Sie bezeichnete Anton Burger als »brutal und unsympathisch« und berichtete, daß es zwischen beiden einmal zu einem schweren Streit gekommen sei. Franz habe sich, von der Front kommend, über die Blutorgien empört, die er dort gesehen hatte. Anton soll, so die Verwandte, ihm gedroht haben: »Wenn du nicht mein Bruder wärst, würde ich dich erschießen.«

Seinen toten Bruder führte Burger nun an, um Gespräche über die Kriegszeit sogleich abzublocken. Er bezeichnete sich als ledig und ohne eigene Familie. Seine Verwandten seien in den Kriegswirren umgekommen.

Sein Geburtstag wurde in der Familie seiner Lebensgefährtin immer am 4. August gefeiert. Daß er in Wahrheit am 19. November geboren wurde, war der Familie unbekannt. Freunde, von denen die Familie gewußt hätte, gab es zumindest in Essen nicht. Burger hatte weder telefonische noch briefliche Kontakte – jedenfalls nicht von der gemeinsamen Wohnung aus. Bei seinen stundenlangen Spaziergängen hätte er Telefonate führen können. So wird berichtet, daß er Weihnachten 1990 seinen älteren Sohn in Österreich angerufen haben soll. In den ersten Monaten nach seinem Tod hat es etliche Anrufe bei der Lebensgefährtin gegeben. Sobald sie sich meldete, wurde aufgelegt.[210] Vielleicht hat ihn doch jemand anrufen wollen, bei dem er sich lange nicht gemeldet hatte.

Mit Rolf Bartels, den er als »Kriegskamerad« bezeichnete, hielt er bis zu dessen Tod im November 1982 Verbindung. Im August 1977 verbrachten das Ehepaar Bartels und Burger mit seiner Lebensgefährtin einen gemeinsamen Urlaub in Bayrischzell. Die Berge, so hatte Burger immer wieder betont, liebe er über alles. Er sei früher Bergsteiger gewesen und eine Weile auch einmal Hüttenwart im Dachsteingebirge. Das hat, wie man weiß, nun wieder gestimmt. Für das Skilaufen hat er sich begeistert. Bei Übertragungen vom Skispringen saß er stundenlang vor dem Fernsehapparat. Eichmann hatte ja »meinen Obersturmführer Burger als meinen besten Skiläufer« bezeichnet, als es darum ging, im Frühjahr 1945 Kriegsbeute und Waffen auf der Rettenbachalm zu verstecken.

Auch wenn Burger mit seiner Lebensgefährtin im Urlaub ins Gebirge fuhr, erwartete Bartels die beiden in München am Bahnhof. Man traf sich dort in der Gaststätte, und Bartels begleitete das Paar zum Anschlußzug.[211]

Als Rolf Bartels 1982 starb, teilte seine Witwe Burger das Ableben ihres Mannes durch eine gedruckte Todesanzeige mit.

Die Lebensgefährtin wird der einzige Mensch in Essen gewesen sein, der Burger sympathisch fand. Auf seine übrige Umgebung hat er einen weniger günstigen Eindruck hinterlassen. Er war, so sagt einer, der ihn gekannt hat, »ein Spießbürger«. Einer, dessen Gesprächsstoff über Banalitäten nicht hinausging. Für die Nazizeit hat er sich sehr interessiert, einer rechtsradikalen Organisation hat er aber nicht angehört. Sein Interesse befriedigte er durch Publikationen aus dem rechtsradikalen Druffel-Verlag, wo er auf die Neuerscheinungen abonniert war. Und so fand sich in seinem Nachlaß nicht nur das Buch »Ich, Adolf Eichmann«, sondern auch die Werke »Was ist die Wahrheit?« und »Der verratene Sieg«. Diese Bücher hat Burger fleißig mit Randnotizen versehen. Es versteht sich, daß er die Männer vom 20. Juli 1944 für gewissenlose Lumpen hielt. Hinter dem Attentat auf Hitler vermutete Burger in einer Randnotiz »eine ausländische Verschwörung«.

Seine Verehrung für den »Führer« hat er ungebrochen beibehalten. So schrieb er in eines der Bücher an den Rand, Hitler habe die »militärische Ausnützung der Atomkraft verboten, weil von ihr eine Gefahr für die Menschheit« ausgehe. Seine Quelle: »Wurde im Rundfunk 1938/39 verlautbart.«[212]

Seine Umgebung ließ er an diesen Erkenntnissen nicht oder selten teilhaben. Wurden im Fernsehen zeitgeschichtliche Themen behandelt, etwa der Massenmord an den Juden, dann pflegte Burger heftig abzuwinken, der Fernsehapparat mußte sofort ausgeschaltet werden, und Burger verkündete: »Ich könnte viel darüber sagen, aber . . .« Diesen Satz ließ er dann gewöhnlich unvollendet.

Einmal sah Burger in den Fernsehnachrichten etwas, über das er sich so aufregte, daß »er fast einen Herzanfall bekam«. Es war der 7. Dezember 1970, und der deutsche Bundeskanzler Willy Brandt war vor dem Ghetto-Mahnmal in Warschau auf die Knie gefallen.

Einer, der »Wilhelm Bauer« gekannt hat: »Er war Nazi und Antisemit in seinen Ansichten, er war mürrisch, verklemmt und engstirnig.« Zu brüllen und keinen Widerspruch zu dulden, das war Burgers Art, und das blieb sie wohl auch in Essen. Auch den Nachbarn blieben solche Ausbrüche nicht verborgen. Besonders darunter zu leiden hatte auch die »Omi«, die Mutter seiner Lebensgefährtin, die in hohem Alter starb. Sie hat Burger nicht gemocht. Ihm war die von allen als besonders liebenswert beschriebene alte Dame im Weg.

Die Beurteilung von »Wilhelm Bauer« reicht in seiner Umgebung von: »Er war ein Spießbürger und führte ein unauffälliges, zurückgezogenes Leben«, bis: »Er war mir von Herzen unsympathisch, er war verschlagen, unfreundlich und dann wieder aufbrausend und rechthaberisch, es war nichts Liebenswürdiges an ihm«. Auch sein erster Arbeitgeber in Essen, Rolf Pfeiffer, hatte mit ihm keine »rein menschliche Beziehung« aufbauen können.

Kollegen von seiner zweiten Essener Arbeitsstelle bei der Julius Berger Bauboag berichten, daß er »eher distanziert« war. Er saß in einem eigenen Zimmer, private Kontakte zu Kollegen pflegte er nicht. Von einem allerdings ließ er sich einmal ein Ferienhotel in Rimini empfehlen, wo er mit seiner Lebensgefährtin den Urlaub verbringen wollte. Dieser Kollege erinnert sich noch gut an Burgers »fast makaberes Erscheinungsbild«: »Er trug die glatten Haare gescheitelt und dann diesen Hitlerbart.« In dieser Zeit wurde Burger als »ehrgeizig und sehr bemüht, seine Arbeit gut zu machen«, von seiner Umgebung wahrgenommen. Er wurde leicht wütend, wenn er meinte, man habe ihn übergangen oder ihm notwendige Arbeitsunterlagen vorenthalten, die er für seine Abrechnungen brauchte. »Er war auch aufbrausend«, erzählt einer seiner ehemaligen Kollegen.

Den gefürchteten Lagerkommandanten von Theresienstadt, den SS-Hauptsturmführer und Leiter des »Judenreferates« in Athen, der den Tod Tausender von Menschen zu verantworten hatte und einen Wehrlosen durch einen Kopfschuß eigenhändig ermordet hatte, den konnte man in Wilhelm Bauer in Essen nicht erkennen. Nichts hat darauf hingedeutet, daß sich in der kleinbürgerlichen Essener Wohngegend in einer Zweieinhalbzimmerwohnung der weltweit gesuchte Kriegsverbrecher Burger versteckte. Er war nach Schilderung seiner Umgebung ein alter Mann wie viele andere alte Männer in Deutschland auch: mit gefestigten nazistischen Überzeugungen, wehleidig mit sich und der eigenen Vergangenheit, gnadenlos mit anderen. Und Weltmeister in der Verdrängung. Nein, Wilhelm Bauer war nicht dämonisch. Er war ein ganz normaler deutscher Mann.

In seine neue Identität scheint er so tief hineingekrochen zu sein, daß er im Herbst 1975 einen überraschenden Entschluß faßte: Er wollte sich seine Geburtsurkunde aus der Tschechoslowakei schicken lassen, eine Geburtsurkunde auf den ausgedachten Namen Wilhelm Bauer mit dem erfundenen Geburtsdatum vom 4. 8. 1911 und dem fiktiven Geburtsort Feldsberg bei Nikolsburg in der heutigen Slowakei. Ein Ort, den Burger vielleicht als Leiter der Zentralstelle für jüdische Auswanderung in Brünn kennengelernt hatte. Burger schrieb also an die Botschaft der ČSSR, damals noch in Köln-Marienburg, und erbat seine Geburtsurkunde. Die Konsular- und Visaabteilung der tschechoslowakischen Botschaft schrieb ihm am 16. Oktober 1975 unter dem Aktenzeichen 19.151/75 – a: »Zu ihrem Gesuch um Vermittlung des Matrikendokuments für Wilhelm Bauer wurde uns von den zuständigen Stellen mitgeteilt, daß trotz aller Bemühungen die Eintragung in der betreffenden Matrik nach den angeführten Daten nicht gefunden werden konnte. Die zuständigen Behörden haben auch in einigen weiteren Sterbe- und Geburtsmatriken erfolglos gesucht.«[213]

Mit einer anderen Antwort hatte Burger auch nicht rechnen können, und das wird er wohl gewußt haben. Die Frage bleibt, warum er einen solchen Antrag überhaupt gestellt hat. Daß er seine Lebensgefährtin vielleicht heiraten wollte, ist eher unwahrscheinlich. Seine Rente war so klein, daß er nur äußerst bescheiden davon leben konnte, zu zweit wäre es ganz ausgeschlossen gewesen, im Gegenteil: Er hat vom Einkommen seiner Lebensgefährtin profitiert. Nur die Finanzierung der seltenen Urlaube sparte er von seiner Rente zusammen. Einen Kleinkredit hat er nie aufgenommen.

Gegen Ende seines Lebens erkrankte Burger an Darmkrebs. Vor seinem Tod hatte er einige Male angedeutet, er wolle »noch etwas sagen«, was aber von seiner Umgebung nicht als bedeutende Ankündigung verstanden wurde, sondern als Mitteilung über das dritte Album seiner wertvollen Briefmarkensammlung. Diese Sammlung war nach Einschätzung eines Kenners wirklich wertvoll, weil sie eine geschlossene Serie aus Böhmen und Mähren von etwa 1880 bis 1910 enthielt. Burger hatte immer behauptet, diese beiden Alben – zu denen eigentlich ein drittes gehörte – seien für ihn sehr wertvolle Familienerbstücke, ein Erbe von Vater und Großvater. Daran sind Zweifel angebracht. Burger hatte im »Protektorat Böhmen und Mähren« schließlich jüdisches Eigentum »beschlagnahmt«. Von seinen Eltern, von seiner Familiengeschichte hat Burger nichts erzählt. Allein im Zusammenhang mit dem »Erbstück«, der Briefmarkensammlung, erwähnte er Vater und Großvater.

An seinem Todestag hatte er noch einen Besucher gehabt. Burger litt starke Schmerzen, die Ärzte hatten ihn nicht schmerzfrei gehalten. Seinem Besucher, von dem er wußte, daß er Jagdwaffen besaß, sagte Burger, wenn er nicht wüßte, daß »das verboten« sei, würde er bitten, man möge ihn erschießen. Auch angesichts des Todes schwieg Burger. Daß er Söhne und auch Enkel in Österreich habe, die man von seinem Tod benachrichtigen solle, das sagte er nicht. Bis zu seinem letzten Atemzug war er für seine Umgebung »Wilhelm Bauer«.

Am 14. Oktober 1990 hatte er ein handgeschriebenes Testament verfaßt: »Mein letzter Wille. Als meinen letzten Willen verfüge ich, Wilhelm Bauer, geb. am 4. 8. 1911, zuletzt wohnhaft in Essen (...) bei völlig geistiger und körperlicher Frische folgendes: Meinen gesamten Nachlaß, der ja nur aus Kleidung, Wäsche u. persönlichen Gebrauchsgegenständen besteht, vermache ich Frau (...), bei der ich bis zuletzt auch gewohnt habe. Frau (...) ist auch zum Empfang meines Sterbegeldes von der Barmer Ersatzkasse berechtigt. Mein Begräbnis soll auf die billigste Art erfolgen, evtl. durch Einäscherung. Dieses Testament übergebe ich hiermit zur Aufbewahrung bis zu meinem Tode an Frau (...) persönlich.«[214]

Am 25. Dezember 1991, kurz vor Mitternacht, starb Anton Burger. Auch das Essener Standesamt, das die Sterbeurkunde Nr. 91/1992 ausstellte, wußte nichts anderes, als daß der ledige »Wilhelm Bauer, geboren am 4. August 1911 in Feldsberg«, verstorben war.

Seine Lebensgefährtin ließ ihn in einem Tannenholzsarg auf Seidenkissen einäschern. Die Kosten für die Beerdigung einschließlich aller Gebühren betrug 3843,40 DM. Der Urne von Anton Burger folgten beim Begräbnis auf dem Essener Parkfriedhof neun Menschen. Jeder von ihnen war überzeugt, daß hier die Asche von Wilhelm Bauer zu Grabe getragen wurde.

Die Fahndung nach Anton Burger

Vermutlich hat Anton Burger nicht mehr erfahren, daß das Landesgericht für Strafsachen Wien am 19. November 1991, an Burgers tatsächlichem 80. Geburtstag und wenige Tage vor seinem Tod, die Fahndung nach ihm außer Kraft gesetzt hatte. Und er hat in seinen letzten Lebensjahren als Wilhelm Bauer wohl auch nicht gewußt, daß sowohl die deutschen als auch die österreichischen Behörden immer wieder nach ihm gefahndet, immer wieder neue Ermittlungsansätze gesucht und gefunden haben, die aber über viele Jahre erfolglos geblieben sind. Es war nicht gelungen, den letzten großen Kriegsverbrecher aus dem Sonderstab Eichmanns zu seinen Lebzeiten aufzuspüren. Seit dem ersten Haftbefehl des Amtsgerichts Bremen vom 11. Dezember 1967 war nach Burger international gefahndet worden. Es war in viele verschiedene Richtungen ermittelt worden und häufig wurde, wie bei alten Aktenvorgängen, auch jahrelang gar nichts getan, um den des Mordes Verdächtigen zu finden.

Erst im Sommer 1993 entdeckten die Staatsanwaltschaft Bremen und das in ihrem Auftrag ermittelnde Bayerische Landeskriminalamt das Verbindungsglied zwischen Anton Burger und Wilhelm Bauer. Seit dem 1. Oktober 1993 gab es ein graphologisches und seit Februar 1994 ein anthropologisches Gutachten auf der Basis der vorhandenen Fotos von Anton Burger und Wilhelm Bauer. Beide Gutachten kamen zum selben Ergebnis: Wilhelm Bauer, der ehemalige kaufmännische Angestellte und finanziell ärmlich ausgestattete Sozialrentner aus Essen, war Anton Burger, der gefürchtete Herr über Leben und Tod in Theresienstadt und in Griechenland, der Mann, zu dem Eichmann das größte Vertrauen in dessen Zuverlässigkeit hatte.

Seit dem Prozeß gegen Siegfried Seidl, den ersten Kommandanten von Theresienstadt, im Jahre 1946 hat man auch gegen Anton Burger, seinen Nachfolger, ermittelt. Die Wiener Strafverfolgungsbehörden stellten, nachdem bekannt geworden war, daß Burger sich 1947 in Glasenbach in amerikanischer Internierung befand, einen Antrag, ihn der österreichischen Justiz zu überstellen. Diesen Antrag beschieden die amerikanischen Behörden abschlägig, weil auch die Tschechen nach Burger suchten und einen Auslieferungsantrag gestellt hatten.

In Österreich wurde nach seiner Flucht aus Glasenbach immer wieder nach Burger gesucht. Seine Verhaftung im März 1951 war das Ergebnis dieser Fahndung. Der letzte österreichische Haftbefehl, der bis zum 19. November 1991 in Kraft geblieben ist, stammte aus dem Jahre 1956.

In der Bundesrepublik Deutschland haben verschiedene Staatsanwaltschaften gegen Anton Burger ermittelt. Die Zentrale Stelle der Länderjustizverwaltungen zur Verfolgung nationalsozialistischer Gewaltverbrechen in Ludwigsburg hatte bereits Ende der fünfziger Jahre Vorermittlungen gegen Burger geführt. Die Staatsanwaltschaft Frankfurt führte 1959 wegen Burgers Tätigkeit in der Zentralstelle für jüdische Auswanderung in Prag und in Brünn ein Verfahren gegen ihn. Die Staatsanwaltschaft Stuttgart ermittelte 1966 gegen Burger, weil er einen jüdischen Mann, dem bereits von einem SD-Angehörigen eine »Ausnahmegenehmigung« von den Deportationen erteilt worden war, dennoch nach Theresienstadt und von dort nach Auschwitz in den Tod geschickt haben soll.

Wegen Burgers Tätigkeit als Kommandant von Theresienstadt wurde auch in Würzburg ein Verfahren gegen ihn geführt. Dort sollte der ehemalige Lagerinspekteur Karl Bergl, der Stellvertreter aller drei Kommandanten – Seidl, Burger und Rahm – vor Gericht gestellt werden. Er war verhandlungsunfähig. Wegen der Tötung der Kinder aus dem Bialystoker Transport auf der »Kleinen Festung« gelangte die Staatsanwaltschaft Würzburg zu dem Ergebnis, daß »Plan und Ausführung der Tötung dieser Kinder (...) das ausschließliche Werk des Lagerkommandanten Burger war«.[215]

Aus dem Jahre 1964 schließlich datierte das Bremer Ermittlungsverfahren gegen Burger wegen seiner Tätigkeit als »Judenreferent« in Athen und seiner Beteiligung an der Deportation der griechischen Juden sowie wegen seines Mordes an dem jüdischen Mann auf Lefkadas. Dieses Verfahren hatte sich zunächst gegen den ehemaligen Bremer Gestapomann und späteren Mitarbeiter Burgers in Athen, Friedrich Linnemann, gerichtet. Danach ermittelte man gegen Dr. Walter Blume, den Befehlshaber der Sicherheitspolizei und des SD in Athen zu Burgers Zeit. Dann war der Staatsanwaltschaft klar geworden, daß Burger ihr Mann war. Daß er der Hauptverantwortliche für die Massenmorde an den Juden aus Griechenland gewesen ist. Der erste Haftbefehl gegen den verschwundenen Burger wurde im Dezember 1967 erlassen. 1968 wurde der Haftbefehl vom Bremer Amtsgericht auf sämtliche bekannte Aliasnamen von Burger ausgeweitet. Das war zu der Zeit, als sich Burger als Gastwirt im Sauerland versuchte, nachdem er in Essen bei der Firma Rhein-Lippe arbeitslos geworden war.

Mit dem Bremer Verfahren wurden etliche andere Strafverfahren gegen Burger verbunden, so daß die Bremer Staatsanwaltschaft am Ende nicht nur wegen Burgers Taten in Griechenland, sondern auch wegen aller anderen Straftaten in Prag, Brünn und Theresienstadt gegen ihn ermittelte.

Weil die ersten Spuren Burgers immer wieder nach Bayern verwiesen, hat im wesentlichen das Bayerische Landeskriminalamt im Auftrag der Bremer Staatsanwaltschaft ermittelt. Schon 1968 befand sich in den Bremer Akten der Drohbrief Anton Burgers an seine Schwiegereltern, den er im Juni 1956 als »Toni Steiner, München, Rosenheimer Straße 24a« geschrieben hatte. Auch die angeblich von München aus erteilte Vollmacht Burgers für den Wiener Rechtsanwalt Dr. Sturm war der Staatsanwaltschaft Bremen schon 1968 bekannt.

Die österreichischen Behörden waren immer wieder Hinweisen nach angeblichen Aufenthaltsorten Burgers nachgegangen. Simon Wiesenthal hatte die Behörde davon unterrichtet, daß Burger in Mariazell mit einer Frau Rosa Bauer zusammenlebe und deren Namen angenommen habe. Als diesem Hinweis nachgegangen wurde, war Burger schon lange nicht mehr in Mariazell. Am 13. Juni 1962 schrieb Simon Wiesenthal dem zuständigen Staatsanwalt beim Wiener Landesgericht, daß Burger angeblich in Salzburg lebe und mit seiner Familie Kontakt halte. Vertrauliche Hinweise hatten ergeben, daß Burger auch mit seinem alten Kumpan Franz Novak aus dem Sonderstab Eichmanns engen Kontakt gepflegt haben soll. Burger soll bei Novak in dessen Wohnort Langenzersdorf bei Wien aufgetaucht sein. Das wird vermutlich auch gestimmt haben, aber leider nicht zu der Zeit, als Simon Wiesenthal davon gehört hatte.

Dieser Kontakt mag während seiner Zeit als »Josef Weiszl« in Mühlbach am Hochkönig, das schließlich im Salzburger Land liegt, neu belebt worden sein. Im Sommer 1963 hatte Burger in Essen im Stadtteil Steele eine Wohnung bezogen und war schon seit mehr als einem Jahr im Besitz eines amtlichen deutschen Personalausweises auf den Namen Wilhelm Bauer.

Im Wohnort der ehemaligen Frau Burger, die inzwischen wieder geheiratet hatte, und wo auch ihre Söhne lebten, hatte 1963 der zuständige Gendarmerieposten vertrauliche Erhebungen nach dem Aufenthaltsort von Burger angestellt. Sie brachten keinen Erfolg. Es konnte nicht festgestellt werden, daß Burger Kontakt zu seinen Söhnen hielt.

Die Zentrale Stelle in Ludwigsburg hat im Januar 1971 geradezu kreative Anstrengungen unternommen, Burger in Deutschland zu suchen. Sie versuchte, Burger wegen des Mordes an den Kindern aus dem Bialystoker Transport auf der »Kleinen Festung« zu finden. Der dort zuständige Staatsanwalt war schon Ende der sechziger Jahre, wie die Staatsanwaltschaft Bremen auch, davon ausgegangen, daß Burger zu seinem Vornamen »Toni« und dem Geburtsjahr 1911 wenigstens acht Aliasnamen verwendete. Später kam noch der Name Franz Bauer hinzu. Nach all diesen Namen wurde nun aus Ludwigsburg bei verschiedenen Stellen angefragt: beim Bundesverwaltungsamt in Köln, beim Bundeskraftfahrzeugamt in Flensburg und bei der Bundesversicherungsanstalt in Berlin.[216] Die Überlegung, daß fast jeder einen Führerschein hat und fast jeder rentenversichert ist, wird dabei ausschlaggebend gewesen sein. Bei Burger führte die umfangreiche Ermittlung nicht zum Erfolg: Burger hatte einen Führerschein, war aber beim Bundeskraftfahrzeugamt seit dem 19. November 1953 als Autofahrer »Wilhelm Bauer« registriert. Unter demselben Namen zahlte er bei der Bundesversicherungsanstalt für Angestellte Rentenversicherungsbeiträge. Im Januar 1971 arbeitete Burger unerkannt bei der Julius Berger Bauboag.

Die Suche nach Anton Burger geriet in den siebziger Jahren ins Stocken. Am 21. Mai 1974 wurde das Ermittlungsverfahren gegen Burger sogar vorläufig eingestellt, weil der Verdächtige nicht ermittelt werden konnte. Die Fahndung nach ihm wurde zwar weiterhin regelmäßig erneuert, weitere große Ermittlungstätigkeit entfaltete die Staatsanwaltschaft jedoch nicht.

Mitten im »Deutschen Herbst«, die Fahndung nach den Terroristen der RAF war auf dem Höhepunkt, schrieb der zuständige Bremer Kommissariatsleiter am 14. November 1977 dem zuständigen Oberstaatsanwalt einen Brief: »Die (...) getroffenen Verfügungen konnten bisher nicht oder nur teilweise erledigt werden, da der für NSG-Vorgänge allein sachverständige Beamte seit September 1977 an einem Lehrgang teilnimmt, der erst Ende März 1978 beendet sein wird. Ein anderer

Beamter, der diese Materie beherrscht, ist nicht vorhanden.

In diesem Zusammenhang bitte ich zu berücksichtigen, daß aus gegebenem Anlaß der Bearbeitung von Vorgängen aus der Terroristenszene absolute Priorität eingeräumt werden mußte, die es infolge der angespannten Personalsituation nicht gestattet, weniger eilbedürftige NSG-Vorgänge sofort oder in nächster Zukunft zu bearbeiten. Ich bitte um Ihr Verständnis, daß ich in die weitere Bearbeitung der o. a. Verfahren erst wieder eintreten kann, wenn mir der dafür in Frage kommende Beamte wieder zur Verfügung steht.«[217]

Es sah so aus, als bliebe Burger für alle Zeit unauffindbar. Das wäre wohl auch so gewesen, wenn nicht Simon Wiesenthal im Juli 1991 den entscheidenden Hinweis gegeben hätte.

Der Fahndungserfolg

Simon Wiesenthal hat vierzig Jahre lang nach Anton Burger gesucht. Wenn er vertrauliche Hinweise über den angeblichen Aufenthaltsort von Burger bekam, benachrichtigte er regelmäßig die zuständigen Behörden.

Im Sommer 1991 erreichte ihn eine sensationelle Nachricht aus dem früheren Bekanntenkreis Burgers in Österreich. Burger, so hieß es, lebe mit Sicherheit noch. Der Informant übergab Wiesenthal ein Dossier mit alten Papieren, Briefen und einem Adreßbuch von Anton Burger aus den Jahren bis 1961. Simon Wiesenthal prüfte jedes Stück Papier. Kein Zweifel war möglich: das waren Unterlagen von Anton Burger. Sie offenbarten Wiesenthal eine erste Spur: Burger lebte vermutlich in Deutschland. Nach Rücksprache mit der Zentralen Stelle in Ludwigsburg erfuhr Wiesenthal, daß die Bremer Staatsanwaltschaft einen Haftbefehl gegen Burger erlassen hatte und das Bayerische Landeskriminalamt in ihrem Auftrag ermittelte.

Ein Mitarbeiter des Jüdischen Dokumentationszentrums, das Simon Wiesenthal 1954 zunächst geschlossen, nach dem Prozeß gegen Adolf Eichmann in Jerusalem im Jahre 1962 jedoch wieder eröffnet hatte, fuhr nach München und übergab die Papiere Burgers der zuständigen Sonderkommission beim LKA. Die Spur Burgers war wieder heiß geworden. Die beiden Kriminalhauptkommissare, Ludwig Thomas und Anton Lindermaier, machten sich an die Arbeit. Beide hatten zum Glück von ihrer Arbeit, Mörder aus der Zeit des Nationalsozialismus ausfindig zu machen, eine andere Auffassung als der Bremer Kommissariatsleiter, der gemeint hatte, die Verfolgung nationalsozialistischer Gewaltverbrechen sei »weniger eilbedürftig«. Zunächst einmal galt es, die in Burgers Unterlagen aufgefundenen zahlreichen Anschriften zu ermitteln. Häufig waren es Tarnadressen nicht ausfindig zu machender Personen. Bei zwei Anschriften allerdings wurden die Beamten fündig. Die eine war die Anschrift von Bartels, der inzwischen gestorben war, und die andere gehörte dem Ehepaar aus dem Bayerischen Wald. Dieses Ehepaar wurde im August 1991 an seinem Wohnort vernommen, bestritt aber, je den Namen Burger gehört zu haben und behauptete, ihn aus den vorgelegten Lichtbildern nicht erkannt zu haben. Das konnte den beiden zunächst nicht widerlegt werden. Ihre Tätigkeit als Sekretärin in Theresienstadt verschwieg die Frau. Den Briefumschlag, den sie für Burger 1952 weitergeleitet und auf der Rückseite mit einem »Herzl. Gruß!« versehen hatten, kannten sie angeblich nicht.[218]

Da sowohl Simon Wiesenthal als auch die beiden Polizeibeamten davon ausgingen, daß Burger Kontakt zu den früheren Bekannten in Österreich aufnehmen werde, entschlossen sich Lindermaier und Thomas nach Absprache mit der Bremer Staatsanwaltschaft im Dezember 1991, die Ermittlungen zunächst ruhen zu lassen. Sollte Burger – wie fälschlich erwartet – in Österreich auftauchen wollen, wären Vernehmungen in seinem Verwandten- und Bekanntenkreis bei diesem Vorhaben sehr hinderlich gewesen. Daß Burger im Dezember 1991 als »Wilhelm Bauer« in Essen gestorben war, fanden die Kriminalkommissare erst anderthalb Jahre später heraus.

Da Burger in Österreich wider Erwarten nicht auftauchte, wurden ab Herbst 1992 die Ermittlungen wieder aufgenommen. In der Zwischenzeit allerdings waren die Beamten nicht untätig gewesen: Unter sämtlichen möglichen Aliasnamen von Burger – der Name Wilhelm Bauer war noch nicht bekannt – wurde bei den Versorgungsämtern, dem Document Center in Berlin und anderen NS-Archiven im In- und Ausland geforscht. Die Namen und Adressen, die man in den Unterlagen Burgers gefunden hatte, wurden mit den Namen der über Theresienstadt existierenden Berichte verglichen. Dabei stießen die Beamten auf den Namen Rolf Bartels, den sie auch in Burgers Unterlagen gefunden hatten. Sie suchten Anfang Dezember 1992 die Witwe von Rolf Bartels auf, die ihnen erzählte, ihr verstorbener Mann habe Burger »zwischen 1960 und 1970« mehrmals in Bayern, aber auch in Österreich getroffen. Den Grund dafür, so behauptete sie, habe sie nicht gekannt. Die Schriftstücke aus den Unterlagen Burgers, die unter ihrem Mädchennamen angefertigt worden waren, seien ihr unbekannt. Sie habe vor etwa einem Jahr eine schriftliche Nachricht über den Tod Burgers erhalten, könne sich aber nicht mehr erinnern, woher diese Nachricht gekommen sei.

Inzwischen hatten Thomas und Lindermaier die ehemalige Telefonistin aus Theresienstadt ausfindig gemacht, die ihnen erzählte, eine Schreibkraft aus Theresienstadt namens »Waltraud« habe von Burger ein Kind bekommen. Auf der Suche nach dieser Frau, von der nur der Vorname bekannt war, verging viel Zeit. Sie konnte im Januar 1993 ermittelt werden. Ihr Kind, so sagte sie den Beamten, habe sie nicht von Burger, sondern fast eineinhalb Jahre später von dessen Nachfolger Karl Rahm bekommen. Diese Zeugin zeigte Ludwig Thomas ein Erinnerungsfoto aus Theresienstadt. Es zeigte sie mit einer Kollegin »bei der Gärtnerei«. Diese Frau sei, so sagte Waltraud, in Theresienstadt die Freundin Burgers gewesen. Die Kollegin war inzwischen die Ehefrau des Fahrlehrers aus dem Bayerischen Wald. Dem Kriminalbeamten war klar, daß die Frau bei der ersten Vernehmung im August 1991 nicht die Wahrheit gesagt hatte.

Im Frühjahr 1993 beantragte die Staatsanwaltschaft Bremen einen richterlichen Beschluß für eine Hausdurchsuchung bei dem Ehepaar im Bayerischen Wald und bei der Witwe von Rolf Bartels. Außerdem sollte im Anschluß an die Hausdurchsuchung durch einen richterlichen Beschluß eine zweiwöchige Telefonüberwachung beider

Anschlüsse geschaltet werden. Staatsanwaltschaft und Polizei gingen von der Vermutung aus, daß die beiden Frauen, sollten sie noch Kontakt zu Burger haben, ihn über die Hausdurchsuchung informieren würden. Die beantragten Beschlüsse ergingen am 1. April 1993 durch das Amtsgericht Bremen.[219] Die Telefonüberwachung wurde aber schon nach einer Woche abgeschaltet, sie war in beiden Fällen erfolglos.

Am 2. Juni 1993 durchsuchte Anton Lindermaier die Wohnung der Eheleute im Bayerischen Wald, Thomas Ludwig die der Bartels-Witwe in München. An beiden Orten wurden die Beamten fündig: Die ehemalige Schreibkraft aus Theresienstadt hatte den Brief von Rolf Bartels aufbewahrt, in dem er ihr 1953 ein Verzeichnis der »alten Prager« geschickt hatte. Außerdem wurde ein Schreiben gefunden, in dem bestätigt wurde, daß die Frau vom 1. Dezember 1940 bis zum 4. Mai 1945 »beim Sicherheitsdienst in Prag« angestellt war.

Im Hause Bartels beschlagnahmte Thomas alte Adreßbücher und einen Geburtstagskalender des verstorbenen Rolf Bartels. Auf der Seite des Geburtstagskalenders, auf der der 19. November unter einem Vers von Rainer Maria Rilke steht, war dick unterstrichen vermerkt: »19. 11. 11, Toni«. Das ist das Geburtsdatum von Anton Burger. Auf der Seite davor stand »Willy Bauer 19.XI. 11«. Anton Burger und »Willy Bauer« hatten dasselbe Geburtsdatum. Im Adreßbuch standen dann die Anschrift und die Telefonnummer von »Willy Bauer« in Essen.

Thomas fragte sofort in Essen bei der Meldebehörde nach und erfuhr, daß »Wilhelm Bauer, geboren am 4. 8. 1911 in Feldsberg«, am 25. Dezember 1991 gestorben war. Ein auf Mikrofilm kopierter Paßantrag von Wilhelm Bauer mit einem Foto, den das Essener Paßamt dem Bayerischen Landeskriminalamt schickte, ließ »mit an Sicherheit grenzender Wahrscheinlichkeit« den Schluß zu, daß Anton Burger und Wilhelm Bauer ein und dieselbe Person waren.[220] Thomas schlug der Staatsanwaltschaft

Bremen eine gentechnische Untersuchung vor, wie sie im Falle des lange gesuchten KZ-Arztes Josef Mengele erfolgreich war. Außerdem sollte die Lebensgefährtin Burgers, bei der er nach den Meldeunterlagen gelebt hatte, befragt werden. Die Staatsanwaltschaft stellte einen Antrag auf Hausdurchsuchung beim Amtsgericht Essen: Durchsuchung der gemeinsamen Wohnung nach Hinweisen auf Anton Burger. Am 27. Juli 1993 erging der Beschluß: »Die Durchsuchung soll zur Auffindung von Beweismitteln führen, nämlich persönlicher Unterlagen des Verstorbenen, aus denen sich seine Identität ergibt.«[221] Am 2. September 1993 wurde durchsucht, die Lebensgefährtin war nicht zu Hause. Nachbarn, denen Thomas ein Foto von Anton Burger zeigte, identifizierten ihn eindeutig als ihren ehemaligen Nachbarn Wilhelm Bauer.

Eine vom LKA vorgeschlagene Genuntersuchung der Leiche konnte nicht stattfinden: Anton Burger war eingeäschert worden. Weil aber zahlreiche handschriftliche Notizen von Anton Burger und Wilhelm Bauer existieren, wurde ein graphologisches Gutachten in Auftrag gegeben. Seine Briefe und Unterschriften als Anton Burger, sein handgeschriebenes Testament und die Notizen am Rand seiner Bücher und Zeitschriften als Wilhelm Bauer dienten als Grundlage für dieses Gutachten, das an »mit Sicherheit grenzender Wahrscheinlichkeit«[222] zu dem Ergebnis kam: Wilhelm Bauer und Anton Burger waren identisch.

Ein Gutachten auf der Basis von sieben Fotos von Anton Burger und vierzehn Fotos von Wilhelm Bauer, am 8. Februar 1994 von einer Medizinaloberrätin des Bayerischen Landeskriminalamtes erstattet, ergab letzte Klarheit:

»(...) Es konnten folgende Befunde erhoben werden:

Augenregion: Bei den zu vergleichenden Personen waren eine identische Form der Lidspalten, ein relativ niedriger Oberlidraum mit niedrig verlaufenden Oberlidfalten und gerade, lateral ausdünnenden und abfallende Augenbrauen zu beobachten.

Nase: Die Nasenrücken waren jeweils schmal und gerade, die Nasenflügel anliegend und die Form der Naseneingangsebene in Halbseitenansicht übereinstimmend.

Mund: Sowohl Bauer als auch Burger wiesen ein niedriges Lippenrot mit relativ breitem Philtrumeinschnitt auf.

Ohren: Die Ohrmuscheln der Vergleichspersonen waren lang und breit. In den vorliegenden Perspektiven konnten vor allem Einzelheiten des linken Ohres verglichen werden. Dabei war übereinstimmend ein kleiner Tragus, ein nur gering kuppenförmiger Antitragus, ein leicht zungenförmiges Ohrläppchen sowie ein völlig übereinstimmender Verlauf von Helix und Anthelix festzustellen. Auch die Merkmale des rechten Ohres stimmten – soweit beurteilbar – vollkommen überein.

Kopfform: Die Kopfform war bei Bauer und Burger übereinstimmend in etwa fünfeckig und die Stirn jeweils hoch und breit. Die Haaransätze verliefen vergleichbar. Bei beiden Personen war eine Kinnmulde und ein im Profil vorstehendes Kinn zu beobachten. Kinnhöhe und Hautoberlippenhöhe waren identisch. (...) .«[223]

Zum Schluß hat die Gutachterin noch ein videotechnisches Untersuchungsverfahren angewandt und kam zum Ergebnis: »Die anthropologischen Vergleichsuntersuchungen zwischen den unter den Personalien Anton Burger und Wilhelm Bauer abgebildeten Personen ergaben bei allen beurteilbaren anatomischen Merkmalen Übereinstimmung. Im videotechnischen Superprojektionsverfahren konnten die Gesichter in ihren Proportionen zur Deckung gebracht werden. Identitätsausschließende Abweichungen fanden sich nicht. Nach den erhobenen Befunden sind die abgebildeten Personen identisch.«[224]

Am 14. März 1994 schloß Oberstaatsanwalt Karl Stegelmann die Akten und beantragte beim Amtsgericht, den noch bestehenden Haftbefehl aufzuheben: »Nach dem Ergebnis der Gutachten vom 1. 10. 93 und 8. 2. 94

bestand Identität zwischen Wilhelm Bauer und Anton Burger. Burger ist am 25. 12. 91 in Essen verstorben. Das Verfahren ist damit beendet.«[225]

Wäre Simon Wiesenthal früher in den Besitz der Unterlagen Burgers gelangt: Wilhelm Bauer hätte noch zu Lebzeiten enttarnt werden können. Ob er sich noch vor Gericht für seine Taten hätte verantworten müssen, ist fraglich. Das hohe Alter und der schlechte Gesundheitszustand in seinen letzten Lebensjahren hätten das wohl verhindert. Er wäre aber nicht als der unauffällige Rentner Wilhelm Bauer gestorben. Der SS-Hauptsturmführer Anton Burger hätte sich wenigstens am Ende seines Lebens seinen Verbrechen öffentlich stellen müssen, die Leid und Tod für Tausende von Menschen gebracht haben.

Danke

Die Geschichte vom heimlichen Leben des Anton Burger wäre nicht geschrieben worden, wenn mir nicht viele Menschen geholfen hätten, mit Informationen, mit Rat, mit Kritik, mit Ermutigung.

Den vielen Männern und Frauen, die freimütig mit mir gesprochen haben, aber ihre Namen nicht genannt haben wollen, gelten mein Dank und mein Respekt für ihre Aufrichtigkeit.

Danke sagen will ich Jan Frischmuth.

Danke schön vor allem Simon Wiesenthal. Danke auch Hanne Hiob für ihre Unterstützung und Ermutigung. Und Jules Huf, Ludwig Thomas, Anton Lindermaier, Hans Wrobel und Sam und Inge Berger für die langen und aufschlußreichen Gespräche. Dank an Hans Safrian, ohne dessen »Eichmann-Männer« meine Recherche nicht so zügig vonstatten hätte gehen können, Safrian, der mich ermutigt hat, als die Arbeit stockte und mir am Telefon mein Computer-Schreibprogramm erklärt hat. Danke Alfred Streim, der, wie immer, fest an die Notwendigkeit meiner Arbeit und ihre Vollendung geglaubt hat. Danke meinen Kollegen bei Radio Bremen, die meinen Erzählungen über Burger mit großer Geduld gelauscht haben. Und danke nicht zuletzt Susanne Jakubec, in deren Buchladen ich mich immer erfolgreich vor dem Schreiben drücken konnte und auf das gastlichste aufgenommen wurde.

Bremen, im Mai 1994 Karla Müller-Tupath

Anmerkungen

1 Akten der Staatsanwaltschaft Bremen, 20(29) Js 403/72 und des Bayerischen LKA
2 ebenda
3 Unterlagen Document Center Berlin, bei den Akten der Staatsanwaltschaft Bremen, zum Verfahren 20(29) Js 403/72
4 Dokumentationsarchiv des österreichischen Widerstandes, Wien; Akten des Verfahrens gegen Burger beim Landesgericht Wien 31 Vr 3632/56
5 ebenda
6 Dokumentationsarchiv des österreichischen Widerstandes, Wien
7 Hans Safrian, Die Eichmann-Männer, Europaverlag, Wien 1993, S. 66 in den Anmerkungen
8 Safrian, S. 49
Raul Hilberg, Die Vernichtung der europäischen Juden, Fischer Taschenbuch Verlag, Frankfurt/Main, 1990, Bd. II, S. 427 ff.
9 Carl Zuckmayer, Als wärs ein Stück von mir, Frankfurt/M. 1966, zitiert nach Safrian, S. 29
10 Völkischer Beobachter, 26. 4. 1938, zitiert bei Safrian, S. 33
11 Moritz Deutschösterreicher, Eine jüdische Erzählung zwischen Assimilation und Exil, herausgegeben und kommentiert von Jürgen Egyptien, Graz 1988; ein anonymes Manuskript, das wahrscheinlich 1939 oder 1940 entstand; zitiert bei Safrian, S. 35
12 Hagen war später als Sturmbannführer in Frankreich beim Höheren SS- und Polizeiführer als »Judenexperte« an der Deportation und Ermordung des französischen Judentums maßgeblich beteiligt; Hilberg, S. 646
13 Safrian, S. 50
14 Moritz Deutschösterreicher, zitiert bei Safrian, S. 44 ff.

15 Dokumentationsarchiv des österreichischen Widerstandes, Wien und Akten der Staatsanwaltschaft Bremen 20(29) Js 403/72
16 Hilberg, S. 415
17 Safrian, S. 73
18 CIC-Dokument 85340 3286 Anton Burger, 430th CIC Reel. 2.119 Bx 261; Dokumentationsarchiv des österreichischen Widerstandes, Wien
19 Gespräch mit Sam und Inge Berger am 29. Juli 1993 in Bremen
20 Hilberg, S. 501
21 Gespräch mit Frau E. S.
22 Akte Burger beim Berlin Document Center; zum Verfahren V 505 AR 1332/61, Zentrale Stelle der Länderjustizverwaltungen für die Verfolgung nationalsozialistischer Gewaltverbrechen, Ludwigsburg; bei den Akten der Staatsanwaltschaft Bremen 20(29) Js 403/72
23 CIC-Dokument 85340 3286 Anton Burger; Dokumentationsarchiv des österreichischen Widerstandes, Wien
24 Akten der Staatsanwaltschaft Bremen 20(29) Js 403/72; Dokumentationsarchiv des österreichischen Widerstandes, Wien
25 CIC-Dokument 85340 3286 Anton Burger
26 Eidesstattliche Erklärung von J. G. vom 4. April 1947; Dokumentationsarchiv des österreichischen Widerstandes, Wien
27 Hilberg, S. 450
enthaltene Zitate:
a) Zusammenfassung der Konferenz vom 20. Januar 1942, NG-2586-G, Fußnote 107
b) Aussage von Staatssekretär Bühler (Generalgouvernement), Trial of the Major War Criminals, Bd. XII, Fußnote 108
28 zitiert bei Hilberg, S. 457, Fußnote 122
29 H. G. Adler, Theresienstadt 1841 – 1945, Tübingen, 2. Aufl., 1960, zitiert bei Hilberg, S. 457 ff.
30 Prozeß gegen Dr. Siegfried Seidl; Akten beim Dokumentationsarchiv des österreichischen Widerstandes, Wien
31 Gespräch mit Frau E. S.
32 Prozeß gegen Seidl, s. Anm. 30

33 Prozeß gegen Heinrich Jöckel vor dem Volksgericht Leitmeritz/ČSSR; Urteil vom 25. 10. 1946; auszugsweise in V 505 AR-Z 21/64 Zentrale Stelle Ludwigsburg; bei den Akten der Staatsanwaltschaft Bremen

34 Theresienstadt, Europa-Verlag, Wien 1968; Zentrale Stelle Ludwigsburg, V 505 AR-Z 59/70; Akten der Staatsanwaltschaft Bremen 20(29) Js 403/72

35 Eidesstattliche Erklärung von J. G. am 4. April 1947 in Hallein bei Salzburg; Dokumentationsarchiv des österreichischen Widerstandes, Wien

36 Gespräch mit Frau E. S.

37 Theresienstadt, Wien 1968

38 Akten des Verfahrens gegen Seidl, Vg 6 d Vr 770/46; Vernehmung des Zeugen Dr. Ernst F.; Dokumentationsarchiv des österreichischen Widerstandes, Wien

39 Police d'Israel; Dokumentationsarchiv des österreichischen Widerstandes, Wien

40 Vernehmung Dr. Ernst F., s. Anm. 38

41 Aussage von Emil J. am 3. 11. 1964; Zentrale Stelle Ludwigsburg, V 505 AR-Z 675/63; Akten der Staatsanwaltschaft Bremen 20(29) Js 403/72

42 Benjamin Murmelstein (der letzte Judenälteste von Theresienstadt) in »Terezin, il ghetto – modello di Eichmann«, Cappeli Editore; Übersetzung in V 505 AR-Z 59/70, bei den Akten der Staatsanwaltschaft Bremen 20(29) Js 403/72

43 Brief Burgers an den Bürgermeister von Neunkirchen/Niederösterreich vom 14. 11. 1959 bei den Akten der Staatsanwaltschaft Bremen 20(29) Js 403/72

44 Karel Lagus/Josef Polák, Mesto za mrizemi, Praha 1964; Übersetzung der Auszüge von »Stadt hinter der Schranke«: Staatsanwalt Hubert Kotrc, Zentrale Stelle Ludwigsburg zum Verfahren V 505 AR-Z 59/70; bei den Akten der Staatsanwaltschaft Bremen

45 Gespräch mit Frau E. S.

46 Zentrale Stelle Ludwigsburg, V 505 AR-Z 21/64; bei den Akten der Staatsanwaltschaft Bremen

47 Lagus/Polák, Mesto za mrizemi, Praha 1964

48 Gespräch mit Sam und Inge Berger am 29. 7. 1993 in Bremen

49 Aussage von A. K. in der 28. Sitzung des Eichmann-Prozesses am 4. 5. 1961, Jad Vashem, Jerusalem; Zentrale Stelle Ludwigsburg, V 505 AR-Z 59/70
50 ebenda
51 ebenda
52 Aussage von Frau H. L. vor der israelischen Polizei am 28. 1. 1971 zum Verfahren V 505 AR-Z 59/70, Zentrale Stelle Ludwigsburg; bei den Akten der Staatsanwaltschaft Bremen
53 Nürnberger Dokumente NG 5049, NG 1794; Jad Vashem über die Untersuchungsstelle für NS-Gewaltverbrechen beim Landesstab der israelischen Polizei; zum Verfahren V 505 AR-Z 59/70, Zentrale Stelle Ludwigsburg
54 Nürnberger Dokumente, ebenda
55 ebenda
56 ebenda
57 ebenda
58 ebenda
59 Untersuchungsstelle für NS-Gewaltverbrechen beim Landesstab der israelischen Polizei; zum Verfahren V 505 AR-Z 59/70, Zentrale Stelle Ludwigsburg; bei den Akten der Staatsanwaltschaft Bremen
60 Berlin Document Center, Akte Weinmann; zum Verfahren V 505 AR-Z 59/70, Zentrale Stelle Ludwigsburg
61 H. G. Adler, Theresienstadt 1941–1945, Auszug bei den Akten der Staatsanwaltschaft Bremen
62 Lagus/Polák, Mesto za mrizemi, Praha 1964
63 Akte des österreichischen Bundesministeriums für Inneres, Gruppe Staatspolizei, Abteilung 2 C; Aktenzeichen: I–P 91.113-2C/5/63; Zentrale Stelle Ludwigsburg
64 Verfügung der Staatsanwaltschaft Würzburg zum Verfahren 1 Js 259/64 gegen Karl Bergel; in den Akten des Verfahrens V 505 AR-Z 675/63; Zentrale Stelle Ludwigsburg
65 »Theresienstadt«, Wien 1968
66 Gespräch mit Sam und Inge Berger am 29. 7. 1993 in Bremen
67 Aussage von Frau L. G. vor der israelischen Polizei am 10. 11. 1970 zum Verfahren V 505 AR-Z 59/70, Zentrale Stelle Ludwigsburg

68 Aussage von Frau M. V. vor der israelischen Polizei am 17. 10. 1970
69 Vernehmung von Frau T. G. vor dem Generalkonsulat der Deutschen Botschaft in Toronto am 18. 3. 1971; zum Verfahren V 505 AR-Z 59/70, Zentrale Stelle Ludwigsburg
70 Gespräch mit Frau E. S., in dem sie auch von einer Frau erzählte, die Häftling in Theresienstadt war. Frau S. hat sie nach dem Krieg getroffen. Als die Sprache auf die Besuche Eichmanns in Theresienstadt kam, erzählte ihr die Frau, sie könne sich an Eichmann nicht erinnern: »Wir mußten ja mit dem Gesicht zur Wand und gesenkten Blickes stehen. Ich habe nur die blankgeputzten Stiefel sehen können.«
71 Gespräch mit Frau E. S.
72 Gespräch mit Sam und Inge Berger am 29. 7. 1993 in Bremen
73 Vernehmung von J. K. am 14. 4. 1947 in Prag; Verfahren V 505 AR-Z 675/63, Zentrale Stelle Ludwigsburg
74 Akte des österreichischen Bundesministeriums für Inneres, Gruppe Staatspolizei, Abteilung C; Aktenzeichen I–P 91.113 – 2 C/5/63, Vernehmung Johann Vostrel am 21. 4. 1965
75 Gespräch mit Frau E. S.
76 Enzyklopädie des Holocaust, Die Verfolgung und Ermordung der europäischen Juden, Hauptherausgeber Israel Gutman, Argon Verlag, Berlin 1993, Bd. III, S. 1406
77 Prozeß gegen Seidl 1946; Vernehmung Dr. Ernst F.; Akten im Dokumentationsarchiv des österreichischen Widerstandes, Wien
78 Aussage Dr. Ernst F. im Seidl-Prozeß, ebenda
79 Sassen-Bericht, Band 26
80 Sassen-Bericht, Band 5
81 Cecil Roth, The Last Days of Jewish Salonica, zitiert bei: Hans Safrian, Die Eichmann-Männer, Wien 1993, S. 227 und Endnote Nr. 3, S. 251
82 Safrian, S. 221 ff.
83 ebenda, S. 234
84 Vernehmung Alfred Slavik, Landesgericht Wien, Vr 183/53, zitiert bei Safrian, S. 234
85 Anordnung des Befehlshabers Saloniki-Ägäis, Abteilung Militärverwaltung, vom 6. 2. 1943, gez. Kriegsverwaltungsrat Dr.

Merten, zitiert bei Safrian, S. 235, nach dem Faksimile des Schriftstücks in: Michael Molho, In Memoriam, Saloniki 1949

86 Hilberg, S. 739

87 ebenda

88 Aussage von J. N. im Eichmann-Prozeß am 22. 5. 1961, Sitzung 47; Kopien bei den Akten der Staatsanwaltschaft Bremen zum Verfahren 10 Js 156 / 64 gegen Friedrich Linnemann; später: 20(29) Js 403 / 72 gegen Anton Burger

89 Gespräch mit Oberkantor E. N.

90 Aussage von A. L. vor der israelischen Polizei im November 1960; Akten des Landesgerichts für Strafsachen Wien; Dokumentationsarchiv des österreichischen Widerstandes, Wien

91 Merten, s. Anm. 85

92 Deutsches Generalkonsulat Saloniki an das Auswärtige Amt Berlin, 26. 2. 1943; Landesgericht Wien, Vr 3388 / 61, zitiert bei Safrian, S. 238

93 Roth, Salonica, zitiert bei Hilberg, S. 742

94 Prozeß gegen die Hauptkriegsverbrecher vor dem Internationalen Militärtribunal, Band IV

95 ebenda

96 Aussage von A. L. vor der israelischen Polizei im November 1960, s. Anm. 90

97 Hilberg, S. 748

98 ebenda, S. 750

99 ebenda, S. 744

100 Molho, In Memoriam, zitiert bei Safrian, S. 270 ff.

101 Hilberg, S. 750; Zitat: Militärbefehlshaber Griechenland, gez. Speidel, an Militärbefehlshaber Südost; Durchschrift an Heeresgruppe E und Höherer SS- und Polizeiführer

102 Vernehmung von Constantin Rekanatis am 20. 7. 1964 vor dem Landeskriminalamt Baden-Württemberg, Sonderkommission Zentrale Stelle Ludwigsburg; bei den Akten der Staatsanwaltschaft Bremen

103 ebenda

104 edenda

105 Vernehmung von R. R. am 10. 5. 1965 vor der israelischen Polizei zum Verfahren der Bremer Staatsanwaltschaft 10 Js

156 / 64 gegen Friedrich Linnemann u. a. wegen Mordes; bei den Akten der Staatsanwaltschaft Bremen 20 (29) Js 403 / 72 gegen Anton Burger wegen Mordes

106 Vernehmung von I. H. vor der israelischen Polizei am 27. 4. 1965

107 Vernehmung von G. A. am 26. 4. 1965 vor der israelischen Polizei

108 ebenda

109 Akten der Bremer Staatsanwaltschaft 10 Js 156 / 64 gegen Linnemann wegen Mordes; später: 20(29) Js 403 / 72 gegen Burger wegen Mordes

110 Kriegstagebuch der Heeresgruppe E, Eintragung 14. 3. 1944, Abtransport Juden; zitiert bei Safrian, S. 273

111 Dokument NOKW 1915, bei den Akten der Staatsanwaltschaft Bremen 10 Js 156 / 64

112 ebenda

113 Oberleutnant König (Ic-Außenstelle Korfu) an Korps-Gruppe Joannina / Ic 25. April 1944; zitiert bei Hilberg, S. 751

114 Aussage Constantin Rekanatis am 20. 7. 1964, s. Anm. 102

115 Aussage Alexander Magnus vom 19. 8. 1966, Staatsanwaltschaft Bremen, Akten 10 Js 156 / 64

116 Safrian, S. 278 ff.

117 Aussage Constantin Rekanatis, s. Anm. 102

118 Aussage von R. N. am 21. 7. 1965 zum Verfahren 10 Js 156 / 64 bei der Staatsanwaltschaft Bremen

119 Aussage A. J. am 19. 8. 1965 vor der israelischen Polizei, s. Anm. 96

120 Vermerk der Staatsanwaltschaft Bremen zum Verfahren 10 Js 156 / 64

121 Bericht von Graevenitz an das Auswärtige Amt am 28. 6. 1944; Zentrale Stelle Ludwigsburg, zum Verfahren V 508 AR 1314 / 68; bei den Akten der Staatsanwaltschaft Bremen

122 Schriftliche Darstellung von Ulrich Kleemann im Ermittlungsverfahren 9 Js 183 / 57 der Staatsanwaltschaft Koblenz gegen ihn wegen Verdacht von Kriegsverbrechen; bei den Akten der Staatsanwaltschaft Bremen zum Verfahren 10 Js 156 / 64

123 Geheimes Papier von Kleemann am 16. 7. 1944 an einen unbekannten Verteiler (»Verteiler«: Im Entwurf); Dokument

NOKW 1801; bei den Akten der Staatsanwaltschaft Bremen zum Verfahren 10 Js 156/64

124 Aussage Constantin Rekanatis, s. Anm. 102

125 Dokument NOKW 1802; bei den Akten der Staatsanwaltschaft Bremen

126 Michael Molho, In Memoriam – Hommage aux Victimes Juives des Nazis en Grèce, Bd. II, verfaßt von Joseph Nehama, Saloniki 1949

127 Aussage Constantin Rekanatis, s. Anm. 102

128 Aussage von M. S. im September 1961, Police d'Israel; zum Verfahren 8 AR-Z 1169/63, Zentrale Stelle Ludwigsburg; bei den Akten der Staatsanwaltschaft Bremen

129 ebenda

130 ebenda

131 Aussage Constantin Rekanatis, s. Anm. 102

132 Gespräch mit Sam und Inge Berger am 29. 7. 1993 in Bremen

133 CIC-Dokument 85340 3286 Anton Burger; Dokumentationsarchiv des österreichischen Widerstandes, Wien

134 Aussage Burger am 9. 3. 1951 vor dem Landesgericht für Strafsachen, Wien; Dokumentationsarchiv des österreichischen Widerstandes, Wien; bei den Akten der Staatsanwaltschaft Bremen zum Verfahren 20(29) Js 403/72 gegen Anton Burger wegen Mordes

135 Sassen-Bericht, Band 34

136 Dr. Rudolf (Reszö) Kastner war einer der Unterhändler der Vaadah mit der SS in Budapest;
Karla Müller-Tupath »Reichsführers gehorsamster Becher«, Konkret Literatur Verlag, Hamburg 1982, S. 99 ff.

137 Sassen-Bericht, Band 5

138 Müller-Tupath, s. Anm. 136

139 Randolph Braham, The Politics of Genocide – The Holocaust in Hungary, Columbia University Press, New York 1981, Bd. 1, S. 396

140 Aussage Burger am 9. 3. 1951, s. Anm. 134

141 ebenda

142 Gespräch mit Simon Wiesenthal am 1. Februar 1994 in Wien

143 Sassen-Bericht, Band 48

144 ebenda

145 ebenda
146 ebenda
147 Unterlagen Burgers, die 1991 über das Jüdische Dokumentationszentrum Wien den Ermittlungsbehörden zugänglich gemacht wurden
148 Simon Wiesenthal, Doch die Mörder leben, München, Zürich 1967, S. 128
149 ebenda, S. 131
150 Unterlagen Anton Burgers, s. Anm. 147
151 Vernehmung Anton Burger, CIC Dokument 85340 3286; Dokumentationsarchiv des österreichischen Widerstandes, Wien
152 Unterlagen Anton Burgers, s. Anm. 147
153 Gespräch mit Simon Wiesenthal am 1. Februar 1994 in Wien
154 Schreiben von Major Frank D. Smuin an das Landesgericht für Strafsachen Wien am 12. Juni 1947 zum Verfahren Vg 6e Vr 3069/47 Ur 520/47; Dokumentationsarchiv des österreichischen Widerstandes, Wien
155 Unterlagen Burgers, s. Anm. 147
156 Akten der Staatsanwaltschaft Bremen 20(29) Js 403/72 gegen Burger wegen Mordes
157 Unterlagen Burgers, s. Anm. 147
158 Akten der Staatsanwaltschaft Bremen
159 Unterlagen Burgers, s. Anm. 147
160 ebenda
161 Akten der Staatsanwaltschaft Bremen
162 Unterlagen Burgers, s. Anm. 147
163 Unterlagen Burgers, s. Anm. 147
164 Akte Burger, Dokumentationsarchiv des österreichischen Widerstandes, Wien
165 ebenda
166 Vernehmung Burgers, s. Anm. 151
167 Akte Burger, s. Anm. 164
168 Vernehmung Burgers, s. Anm. 151
169 Akte Burger, s. Anm. 164
170 Akten der Staatsanwaltschaft Bremen
171 ebenda
172 Akte Burger, s. Anm. 164

173 Unterlagen Burgers, s. Anm. 147; bei den Akten der Staatsanwaltschaft Bremen zum Verfahren 20(29) Js 403/72
174 Akten der Staatsanwaltschaft Bremen
175 Scheidungsurteil Burger vom Kreisgericht Wiener Neustadt; Aktenzeichen Cg 936/51
176 H. G. Adler, Theresienstadt 1941–1945, im Quellenhinweis S. 739
177 Gespräch mit Frau W. K.
178 Gespräch mit Frau E. S.
179 Akten der Staatsanwaltschaft Bremen zum Verfahren 20 (29) Js 403/72
180 Gespräch mit Frau E. S.
181 ebenda
182 ebenda
183 Akten der Staatsanwaltschaft Bremen
184 Gespräch mit Simon Wiesenthal am 1. Februar 1994 in Wien
185 Akten der Staatsanwaltschaft Bremen
186 ebenda
187 Unterlagen Burgers, s. Anm. 147
188 ebenda
189 Schreiben des österreichischen Bundesministeriums für Inneres; zum Verfahren 146.781-8/57; Unterlagen Burgers, s. Anm. 147
190 Schreiben der Staatsanwaltschaft Wien an Rechtsanwalt Sturm am 28. 1. 1958; Unterlagen Burgers, s. Anm. 147
191 Unterlagen Burgers, s. Anm. 147
192 Brief von Bürgermeister Graf an Dr. Sturm am 23. 6. 1959; Akten der Staatsanwaltschaft Bremen
193 Brief Burgers an Bürgermeister Graf vom 14. 11. 1959; Akten der Staatsanwaltschaft Bremen
194 ebenda
195 ebenda
196 Dr. Wilhelm Höttl hatte schon vor 1938 für den nationalsozialistischen Nachrichtendienst und für Kaltenbrunner gearbeitet. Später war er Leiter eines Referates im Unterabschnitt Wien und danach beim Amt VI (Auslandsnachrichtendienst beim Reichssicherheitshauptamt); Hilberg, Bd. III, S. 1280
197 Safrian, S. 56
198 ebenda, S. 328

199 Vernehmung Josef Weiszl am 4. 9. 1945, Landesgericht Wien, Vr 658/46; zitiert bei Safrian, S. 328
200 Beschluß der Ratskammer des Landesgerichts für Strafsachen Wien vom 24. 5. 1956, Vr 871/55; zitiert bei Safrian, S. 328
201 Unterlagen Burgers, s. Anm. 147
202 Gespräche mit Rolf Pfeiffer am 18. und 20. 3. 1994
203 Hinterlassene Unterlagen von »Wilhelm Bauer«, bei den Akten der Staatsanwaltschaft Bremen
204 Gespräche mit Rolf Pfeiffer
205 Testament von Maria Burger, Abschrift UV.46/63 beim Bezirksgericht Neunkirchen vom 14. 5. 1963, Aktenzeichen A 336/63
206 Hinterlassene Unterlagen von »Wilhelm Bauer«, s. Anm. 203
207 ebenda
208 ebenda
209 ebenda
210 Schriftliche Äußerung der Lebensgefährtin Burgers vom 15. 9. 1993
211 ebenda
212 Hinterlassene Unterlagen von »Wilhelm Bauer«, s. Anm. 203
213 ebenda
214 ebenda
215 Vermerk von Staatsanwalt Hubert Kotrc aus der Zentralen Stelle in Ludwigsburg am 9. 8. 1971; bei den Akten der Staatsanwaltschaft Bremen
216 Zentrale Stelle Ludwigsburg, V 505 AR-Z 59/70, Akten der Staatsanwaltschaft Bremen
217 Akten der Staatsanwaltschaft Bremen
218 Ermittlungsberichte des Bayerischen Landeskriminalamtes; bei den Akten der Staatsanwaltschaft Bremen; Gespräche mit Ludwig Thomas und Anton Lindermaier im Dezember 1993 in München
219 Akten der Staatsanwaltschaft Bremen
220 Ermittlungsberichte des BLKA, s. Anm. 218
221 Beschluß des Amtsgerichts Essen vom 27. 7. 1993; bei den Akten der Staatsanwaltschaft Bremen
222 Schriftgutachten des Bayerischen Landeskriminalamtes vom 1. 10. 1993; bei den Akten der Staatsanwaltschaft Bremen

223 Anthropologisches Gutachten des BLKA vom 8. 2. 1994; bei den Akten der Staatsanwaltschaft Bremen

224 ebenda

225 Einstellungsvermerk der Staatsanwaltschaft Bremen vom 14. 3. 1994